Hugo von Waldeyer-Hartz

Männer und Bilder deutscher Seefahrt

Hugo von Waldeyer-Hartz

Männer und Bilder deutscher Seefahrt

ISBN/EAN: 9783954272624
Erscheinungsjahr: 2013
Erscheinungsort: Bremen, Deutschland

© maritimepress in Europäischer Hochschulverlag GmbH & Co. KG, Fahrenheitstr. 1, 28359 Bremen. Alle Rechte beim Verlag und bei den jeweiligen Lizenzgebern.

www.maritimepress.de | office@maritimepress.de

Bei diesem Titel handelt es sich um den Nachdruck eines historischen, lange vergriffenen Buches. Da elektronische Druckvorlagen für diese Titel nicht existieren, musste auf alte Vorlagen zurückgegriffen werden. Hieraus zwangsläufig resultierende Qualitätsverluste bitten wir zu entschuldigen.

Hugo v. Waldeyer-Hartz

Männer und Bilder deutscher Seefahrt

Friedr. Vieweg & Sohn A.G., Braunschweig

Wenn wir in unseren Tagen den Ausspruch häufiger zu hören bekommen, das deutsche Volk sei seinen Anlagen nach ein „seegeborenes" Volk, so liegt diesem Wort ein tieferer Sinn inne, als wir gemeinhin annehmen. Uns Deutschen steckt die Seefahrt im Blut, auf Schritt und Tritt lehrt es uns die Geschichte. Sie lehrt uns aber auch — und das ist das Tragische, das seltsam Widerspruchsvolle —, daß die Masse des deutschen Volkes trotzdem der See fremd geblieben ist, ihre Bedeutung im Völkerleben nicht begreift und nur allzu leicht geneigt ist, das eigene Licht in Fragen der Seegeltung unter den Scheffel zu stellen. Was uns fehlt, ist die große Linie der Entwicklung, der ununterbrochene Aufstieg, den andere Völker im Verlaufe von Jahrhunderten genommen haben. Beim deutschen Volke ist es ständig auf und ab gegangen, drei Schritte vor, zwei zurück, mitunter aber auch vier zurück, so sind wir auf den Pfaden der Menschheitsgeschichte dahingewandert. Und anstatt nach Tagen des Unglücks bei früher Erreichtem wieder anzufangen, haben wir es oft genug zu spät unternommen, wenn nicht gar ganz unterlassen, die Fäden der Vergangenheit mit der Zukunft zu verknüpfen. Friedrich Wilhelm Barthold, einer der gründlichsten Kenner der Geschichte der deutschen Seemacht, hat diese Erscheinung bereits im Jahre 1850 mit folgenden harten, aber treffenden Worten gegeißelt: „Unser deutsches Volk, fahrlässig in gar vielen Dingen, welche seiner Ehre und seiner Wohlfahrt dienen, hat, gedankenlos und kleinherzig, von ehemaligen Besitztümern nichts in höherem Grade verwahrlost als seine Wehrkraft zur See; hat nichts schimpflicher und widerstandsloser hingegeben als die Herrschaft über seine Meere; hat ohne äußere Überwältigung, allein aus Trägheit und infolge innerer Auflösung, einem Handel entsagt, der drei Jahrhunderte hindurch die Reichtümer Nord- und Westeuropas zum Umsatz in seine Städte führte." Wenn diese Worte auch für das Geschlecht von heute nicht mehr einschränkungslos zutreffen, so soll man sie trotzdem auf sich wirken lassen. Man soll vor allem aber ihren Kern ergründen und sich in die Geschichte deutscher Seefahrt und deutscher Seegeltung vertiefen, um zu erkennen, daß die Stimme der See dem deutschen Volke von der

Wiege an gesungen hat, und daß es in der Tat das Erbe unserer Vorfahren ist, das in uns lebt und uns trotz mancher Abkehr immer wieder zur See zurückführt. Wie der einzelne Mensch, so weisen auch ganze Völker besondere Anlagen und Eigentümlichkeiten auf, erworben und anerzogen durch die Umwelt, in der sie wuchsen und sich behaupten mußten. Wenn in Hunderttausenden von uns, mögen sie aus dem tiefsten Binnenlande stammen, der Drang zur See lebendig ist, nein, nicht nur das, wenn wir uns auf die Seefahrt verstehen, als seien wir auf dem Wasser geboren, so drückt sich hierin das Walten jener Schicksalsmächte aus, die außerhalb Menschenkraft stehen und die Völker von jeher auf den Wegen ihrer Entwicklung begleitet haben. Es ist weit über ein halbes Jahrhundert her, daß der große Nationalökonom Friedrich List das Wort von „Deutschlands Seeinteressen" prägte. Es besteht auch heute noch zu recht. Wir dürfen nicht von ihm lassen. Mit dem Schicksal des deutschen Volkes sind seine Seeinteressen nach wie vor aufs engste verknüpft. Die nachfolgenden Betrachtungen mögen uns darüber unterrichten. Sie sollen vor allem den Nachweis erbringen, daß der Deutsche kein Eindringling auf See ist, sondern im Verlaufe seiner langen Geschichte stets auf ihr tüchtig, wenn auch nicht immer heimisch war.

Hannover,
    im August 1934

                                Hugo v. Waldeyer-Hartz
                                    Kapitän zur See a. D.

Die Reiche der See-Germanen	11
Deutsche Seefahrt im frühen Mittelalter	19
Aus der Hansezeit	29
Die Vitalienbrüder	37
Ein hansisch-englischer Seekrieg	47
Martin Behaim	57
Diederik Pining	64
Die Welser in Venezuela	76
Seegefechte unter Kurbrandenburgs Flagge	85
Admiral Bernd Jakobsen Karpfanger	95
Preußen zur See unter Friedrich dem Großen	104
Joachim Nettelbeck	114
Gründung und Taten der schleswig-holsteinischen Flotte	125
Admiral Brommy	134
Adalbert, Prinz von Preußen	143
Unter der Flagge Schwarz-Weiß-Rot	154
Koester und Tirpitz	166

Die Reiche der See-Germanen

Welches die Urheimat der Germanen war, wissen wir nicht, obwohl in das Dunkel der Urgeschichte unseres Volkes, oder sagen wir richtiger unseres Stammvolkes, gerade in letzter Zeit so mancher hoffnungsvolle Strahl wissenschaftlicher Aufhellung gedrungen ist. Nach den jüngsten Forschungen wird man als die ältesten nachweisbaren Sitze der Germanen die Küstenländer und Inseln des westlichen Ostseebeckens, Südschweden, Jütland, Schleswig-Holstein, Mecklenburg und Pommern, ansprechen dürfen. Daß bei unseren Vorfahren schon in der Urzeit die Seefahrt besonders geachtet war und offenbar auch viel betrieben wurde, ergibt sich mit voller Deutlichkeit aus dem Umstande, daß bei den zahlreichen Felsenzeichnungen, die man sowohl in Schweden als auch in Norwegen und Dänemark antrifft — es handelt sich um roh eingeritzte Darstellungen auf großen Steinflächen — nichts häufiger als Schiffe vertreten sind. Man nimmt an, daß bei diesen Felsenzeichnungen mythische, aber auch geschichtliche Vorgänge haben verewigt werden sollen, ja man darf sogar an die Wiedergabe von Seegefechten denken. Hierfür spricht, daß die Insassen der Boote, bis zu dreißig und vierzig Mann, nicht selten mit geschwungener Waffe dargestellt sind. Ohne Zweifel waren die Germanen bereits ein altes Seevolk, als sie mit den Römern in Berührung kamen. Sie hatten eine „Jahrtausende lang im Rauschen des Meeres durchlebte Jugend" hinter sich, wie ein Forscher unserer Tage trefflich gesagt hat. Und diese Jugend hatte sie hart und stark und in einer Weise vertraut mit der See gemacht, die in der Welt nur wenige Seitenstücke findet. Die Funde, die man an frühgermanischen Booten gemacht hat, beweisen ein hohes Maß an schiffbaulichem Können. Man darf nicht verwechseln, daß alles, was über die Einbäume unserer Vorfahren, meist aus Laienmund erzählt wird, immer nur auf die Flußschiffahrt Bezug hat und auch nur Bezug haben kann. Auf dem freien Meer segelte und ruderte der Germane in schlanken, festgefügten Booten, deren Entwicklung nach Größe und Form uns auf den Felsenzeichnungen in Schweden, Dänemark und Norwegen gut veranschaulicht wird. Schon aus dem Stande des Schiffbaues jener Zeit ergibt sich, daß die germanische Bevölkerung an der Ostsee und Nordsee den rein keltischen Bewohnern Englands seemännisch weit überlegen war. Diese Ansicht vertritt auch K. Th. Strasser in seinem Werke „Wikinger und Normannen", indem er schreibt: „Es ist trotz kühner irischer Probefahrten bisher von keinem Keltenvolk bewiesen, was die frühesten Quellen von den Bewohnern der Elb- und Wesermündung besagen: daß die Sachsen einst eine Großmacht zur See gewesen sind, von der wir deutliche Kunde haben." Demgemäß scheint es verständlich, wenn der römische Dichter Claudian (um 400 n. Chr.) in einem seiner Werke Britannia seufzen ließ: „Auch bei böigem Wind ist der nahende Sachse zu fürchten."

Die ersten Seezüge der Sachsen nach der nordfranzösischen Küste sind bereits für das Jahr 286 n. Chr. beglaubigt. Gleichzeitig mögen aber auch die englischen Küsten aufgesucht worden sein, deren Bewohner nur unvollkommen mit der See vertraut waren. Der Fall liegt sogar offenbar so, daß es der Mischung mit germanischem Blut vorbehalten blieb, die Seeinstinkte der Briten zu wecken, die aller Wahrscheinlichkeit nach von Hause aus ein weichliches, wenig entwickeltes Volk waren. Auf alle Fälle gibt der Umstand zu denken, daß die Briten keinem der Angriffe auf ihre Inselwelt — außer der Besitzergreifung durch die Römer sind mehr als ein Dutzend geschichtlich bezeugt — siegreichen Widerstand auf dem Wasser entgegensetzten. Dabei ist und bleibt eine Invasion für alle Zeiten eine Waffentat von besonderer Kühnheit und Schwierigkeit, an deren Gelingen auch die Zeitumstände wenig ändern, da ja hüben und drüben, bei Freund und Feind, das Gesetz der Waffenentwicklung herrscht. Die englische Geschichtsschreibung ist ehrlich genug, erst Alfred den Großen (871—901) als den Begründer der britischen Seemacht zu preisen. Auch seine Schöpfung hat jedoch den Einfall Herzog Wilhelms des Eroberers an der Küste von Sussex (1066) nicht verhindern können. Dieser Einfall führte aber wiederum germanisches Blut ins Land, denn die normannischen Edlen jener Zeit standen der Abstammung nach ihrer alten Heimat sehr viel näher als dem neuen Vaterlande, der Normandie.

Die Eroberung Englands durch die Angeln, Sachsen und Jüten unter ihren Führern Hengist und Horsa erfolgte in der ersten Hälfte des 5. Jahrhunderts nach Christi Geburt. Sie ist von tiefergreifender und nachhaltigerer Wirkung gewesen als der Normannenzug. Als die römischen Legionen im Jahre 407 das Land verließen, weil man in Rom die Kolonisierung Britanniens endgültig aufgegeben hatte, trat an Stelle des militärischen Waffendrucks ein wüstes Durcheinander begehrlicher Räuber. Die einheimischen britischen Führer riefen in ihrer Not die Sachsen ins Land, um mit deren Hilfe Ordnung zu schaffen. Aus den Hilfsvölkern wurden aber Eroberer, die jeden Widerstand niederschlugen und sich dank überlegener Kraft und Tüchtigkeit zu Herren des Landes aufwarfen. Die Hauptmasse des germanischen Einfalls stammte aus Holstein und dem Lande zwischen Elbe und Weser. Teile mögen auch vom Niederrhein und von Flandern herübergekommen sein. Auf alle Fälle war die See an der Süd- und Ostküste von England für Jahrzehnte vollkommen in der Hand der Germanen. Scharen späterer Nachzügler hatten bei der Überfahrt auch nicht den geringsten Widerstand zu befürchten.

Im Verlaufe des 9. bis 11. Jahrhunderts ist dann die britische Inselwelt, vornehmlich vom Norden aus, von germanischen Volksstämmen, die aus Dänemark und Norwegen stammten, zu wiederholten Malen überfallen und erobert worden. Hierbei ist es zu härteren Kämpfen gekommen, weil sich zum keltischen Blut das angelsächsische, also germanische, hinzugesellt hatte. Die Bewohner von Sussex und Essex — in diesen Namen ist deutlich der Sachsenstamm enthalten — traten den Angreifern auf See entgegen. Aus jenen Schlachten stammt der Ruhm Königs Alfred des Großen. Die Seegewöhnung der Angelsachsen machte sich bemerkbar.

Trotzdem behielten die Schwärme der nordischen Wikinger die Oberhand: 866 wurde York erobert, der ganze Nordosten Englands folgte, auch Irland und die schottischen Inseln sind für längere Zeit besetzt gewesen. Um die Wende des 10. Jahrhunderts erreichten die Kämpfe ihren Höhepunkt. Jetzt gaben die Könige von Norwegen und Dänemark den Angriffen Ziel und Richtung. London wurde eine schwere Schatzung auferlegt, 1013 wurde der Humber forciert, 1017 war Knut, der Sohn König Sven Gabelbarts von Dänemark, Gebietender über ganz England. Er vereinigte in seiner kraftvollen Faust aber auch Dänemark und Norwegen, als Ganzes also ein Nordseereich so gewaltig, wie es die Geschichte nicht wieder erlebt hat. Und dieses Reich war ein germanisches, das sich auf Seeherrschaft gründete.

Mit der Entwicklung der Seefahrt im Norden war es aber nicht getan. Auch auf anderen Meeren schritten der Tatendrang unserer Vorfahren und ihr Verständnis für die See von Erfolg zu Erfolg. Von seiner Ostseeheimat aus war um die Mitte des 2. Jahrhunderts n. Chr. das edle Volk der Goten, das zu den tapferſten und begabteſten Stämmen der Germanen zählte, nach dem Schwarzen Meere aufgebrochen. Die Enge der Heimat trieb zum Wandern. Unheilvoll für deutſches Blut, lockte der Drang nach dem warmen Süden, von deſſen wunderſamen Reizen und Reichtümern ſich ein an Kargheit gewöhntes Volk eine Vorſtellung machte, die nur Licht, keinen Schatten ſah. Wege und Ziele der Fahrt ſind ſicherlich mehr oder minder genau bekannt geweſen. Man darf jedoch nicht überſehen, daß der Handel vom Süden nach dem Norden und umgekehrt ſeit Jahrhunderten lief. Bereits um 214 prallten die Wanderluſtigen mit den Römern am Pontus zuſammen. Dazien wurde überrannt, zu Waſſer und zu Lande wurden die Oſtprovinzen des Kaiſerreichs erobert. Inſonderheit waren es die Oſtgoten, die ſich zur See hervortaten. Sie brachten die römiſche Macht unter dem Kaiſer Valerian (253—268) an den Rand des Verderbens. Ihre Seezüge dehnten ſich bis Trapezunt, Byzanz, Athen und Epheſus aus, ja ſogar Kreta, Rhodos und Cypern wurden von ihnen angelaufen. Die römiſche Flotte war dem Anſturm nicht gewachſen. Am höchſten ſchwoll die Macht an, als um 265 der Zuzug der Heruler erfolgte, deren Urſitze in Südſchweden liegen. Im Jahre 269 vereinigten ſich alle Germanenſtämme des Oſtens, um gegen die römiſche Weltmacht einen niederſchmetternden Schlag zu führen. Die Heruler ſtießen zur See mit zweitauſend Schiffen und Fahrzeugen vor. Das Ziel des Angriffs war Byzanz. Ein Sturm tat den Schiffen ſchweren Abbruch, ſo daß der Vormarſch zerſchellte. Bei Naiſſus, dem heutigen Niſch, wurden die Landtruppen der Goten von dem römiſchen Kaiſer Claudius geſchlagen. Die Flotte zog ſich zum Schwarzen Meer zurück, ohne daß die Römer ſie beläſtigt hätten. Claudius wurde als Gotenbeſieger geprieſen. Trotzdem hielt es ſein Nachfolger, der Kaiſer Aurelian, für geboten, nachgiebige Verträge einzugehen, um durch ſie die ungeſtüme Kraft der fremden Völker im Zaum zu halten. Die Land und Seeherrſchaft der Goten am Schwarzen Meer wurde aber endgültig erſt dadurch gebrochen, daß das verſchlagene Byzanz mit Gold und Liſt Zwietracht unter die Einwanderer trug, ſo daß es zum Bruderkrieg kam, der das Ende gotiſcher Kraft heraufbeſchwor. Es iſt mit Sicherheit anzunehmen, daß der Hunnenſturm Attilas nicht geglückt wäre, wenn ſich die germaniſche Macht am Schwarzen Meer nicht ſelbſt zerfleiſcht hätte.

Bevor wir uns der dritten großen Seemachtgründung germaniſcher Tüchtigkeit zuwenden, der Seeherrſchaft der Vandalen im weſtlichen Mittelmeer, sei noch eines besonders kühnen Seezuges fränkischer Stammesangehöriger Erwähnung getan, der besser als alles andere beweist, wie seevertraut unsere Vorfahren waren, und daß ihnen die Seefahrt wahrhaft im Blute lag.

Im 3. Jahrhundert nach Christi Geburt waren starke Schübe der Franken über Gallien bis nach Spanien vorgedrungen. Kaiser Probus gebot dem Vordringen Einhalt, machte Tausende von ihnen zu Kriegsgefangenen und siedelte sie vornehmlich in Thrazien an. Die Sehnsucht nach der Heimat, aber auch die Sehnsucht nach einem besseren Los ließ eine Verschwörung zustande kommen. Von den gewaltsam Angesiedelten drangen stärkere Trupps bis zum Schwarzen Meer vor, legten Hand auf römische Schiffe und gingen mit ihnen in See. Und nun folgte eine Fahrt, so reich an Abenteuern, aber auch an Wagemut und Geschicklichkeit, daß etwas Ähnliches aus der Geschichte kaum an die Seite gestellt werden kann. Die Franken gewannen das Mittelländische Meer, sie schreckten die Küsten von Griechenland und Asien, berannten Alexandrien, die zweitgrößte Stadt des römischen Weltreichs, machten den Versuch, sich Karthagos zu bemächtigen, plünderten Syrakus, fanden den Ausgang zum Atlantischen Weltmeer, umschifften Spanien und Gallien und kehrten glücklich nach ihrer Heimat zurück. Insgesamt hatte die Fahrt drei Jahre in Anspruch genommen. Roms Weltherrschaft hatte sie nicht zu unterbrechen vermocht. Ein klarer Beweis, daß hier Männer am Werke waren, die nicht auf gut Glück eine Abenteuerfahrt wagten, sondern über eine sehr klare Vorstellung des Erreichbaren verfügt haben müssen. Daß es sich hierbei nicht um die Befriedigung von Beutegier, sondern um das ernste Streben gehandelt hat, nach den Stammessitzen zurückzukehren, ergibt sich aus der Zähigkeit, mit der die Heimfahrt durchgeführt wurde; wobei zu beachten ist, daß die Franken zu jener Zeit noch an der Nordseeküste ansässig waren und in gleichem Maße wie die Sachsen als erfahrene Seefahrer galten. Damals erheischte überhaupt die Verteidigung der gallischen Küste gegen die Seegermanen große Anstrengungen Roms. Es ist wiederholt zu schweren Kämpfen auf See gekommen; so im Jahre 286 auf der Höhe von Boulogne, wo die römische Kriegsflotte unter einem Belgier Carausius, der seine Kenntnisse der Seefahrt dem germanischen Stamm der Bataver verdankte, die Sachsen und Franken aufs Haupt schlug. Es ist dies die erste geschichtlich feststehende Seeschlacht, an der Germanen beteiligt waren. Sie hat die Gefahr ihrer Seezüge keineswegs beheben können. Überall regte es sich auf den Meeren, immer weiter griff die Faust der Seeherrschaft unserer Vorfahren. Die

Furcht vor den Sachsen war an den Küsten der Garonne und Charente überhaupt nicht mehr zu bannen, das Gebiet um Calais und Bayeux führte für Jahrhunderte den Namen „Sachsenküste". Und der in Lyon um 430 geborene Dichter und Schriftsteller Sidonius Apollinaris hat hohe Worte der Anerkennung für die seemännische Tüchtigkeit der sächsischen Wikinger gefunden. Im Jahre 368 kam es zu einer zweiten großen Seeschlacht

Seeschlacht vor Boulogne

zwischen den Römern und den Germanen; diesmal in freiestem Fahrwasser, hoch oben bei den Orkney-Inseln. Der Vater des Kaisers Theodosius des Großen, Flavius Theodosius, führte die römische Flotte, die einen unbestrittenen Sieg erfocht, das Schicksal aber trotzdem nicht wenden konnte: die germanische Flut ließ sich nicht mehr stauen!

Im Jahre 407 erfolgte der große Vandaleneinbruch nach Gallien, der über Spanien weiterführte und schließlich das mächtige Reich Geiserichs in Afrika entstehen ließ. Dem Namen nach waren die Vandalen als „kaiserliche Soldaten" in Spanien angesiedelt worden. In Wirklichkeit verhielt es sich jedoch so, daß sie die Eroberer und Herren des Landes waren. Das mächtige und stolze Volk, das von seinen Sitzen westlich der oberen Weichsel und oberen Oder aufgebrochen war und ganz Europa durchwandert hatte, war angesichts der See sofort darauf aus, sich eine Seemacht zu schaffen. Im Jahre 425 fanden bereits von Spanien aus größere Seezüge nach den Balearen und der mauretanischen Küste statt, offenbar unter Geiserichs Führung. Als der Vandalenkönig Gunderich bei der Einnahme von Hispalis (Sevilla) starb, kürte das Volk Geiserich, der Gunderichs natürlicher Bruder war, zu seinem Nachfolger. Im Gehirn jenes überragenden Mannes, der nicht nur als Feldherr, sondern auch als Flottenführer und Staatsmann zu den gewaltigsten Erscheinungen der deutschen Geschichte gehört, gewann der kühne Plan Gestalt, Nordafrika, die Kornkammer Roms, in den Besitz der vandalischen Stämme zu bringen. Der Druck der nachrückenden Westgoten tat ein übriges, um die Preisgabe Spaniens schmackhaft zu machen. Im Mai 429 setzten die Vandalen in einer Stärke von etwa 60000 Köpfen nach Afrika über. Sie landeten bei Oran. Im Jahre 430 waren bereits ganz Numidien und Mauretanien in Geiserichs Hand. Karthago wurde durch einen Handstreich genommen. Und von Stund ab war das Streben des großen Vandalenkönigs darauf gerichtet, das westliche Mittelmeer unter seine Herrschaft zu bekommen. Ja, der Arm seiner Macht reichte noch weiter: selbst Byzanz zitterte vor ihm, das vandalische Karthago wurde zum Mittelpunkt der abendländischen Welt! Und das alles, weil Geiserich sich eine Seemacht geschaffen hatte, die ihresgleichen suchte. Wie gewaltig sie war, ergibt sich aus der geschichtlich gutbeglaubigten Tatsache, daß selbst eine oströmische Flotte von 1100 Schiffen die Eroberung Siziliens durch die Vandalen nicht zu verhindern vermochte. Rom beugte seinen Nacken unter die germanische Faust. Das gesamte westliche Mittelmeer hieß das Vandalenmeer (Wendelmeer), eine Bezeichnung, die sich noch durch Jahrhunderte erhalten hat. Roms ohnmächtiger Haß hat der Kriegführung der Vandalen den Makel der Grausamkeit, der Raubgier und Zerstörungssucht angehängt. Auch hier ist Strahlendes geschwärzt worden. Was Geiserichs Scharen bei der Einnahme Roms taten, war nach dem Kriegsgebrauch jener Zeit, die kein, ach so anfechtbares Völkerrecht kannte, ihr gutes Recht. Sie verfuhren nicht anders als andere Völker. Tief bedauerlich, ja beschämend ist es aber, daß sich die üble Verleumdung auch in unseren Sprachgebrauch eingeschlichen hat. Es ist höchlich an der Zeit, daß wir das Andenken eines der edelsten und mächtigsten Stämme deutschen Geblüts, das Andenken der tapferen, seegewaltigen Vandalen, in Zukunft in anderer Weise ehren, als von

„vandalisch" und „Vandalismus" zu sprechen, wobei wir lediglich die Geschäfte solcher betreiben, die uns mißgünstig gesonnen sind. Ein halbes Jahrhundert hat Geiserich seine Stellung im Mittelmeer behauptet, er, der sich selber „König der Erde und der Meere" nannte. Seine Schöpfung verfiel unter seinen Nachfolgern. Belisar, der Feldherr des oströmischen Kaisers Justinian, durfte im Jahre 534 in Konstantinopel seinen Triumph über die besiegten Vandalen feiern.

Die Nachfolgerschaft der Vandalen in der Herrschaft über das Mittelmeer strebten die Ostgoten an. Sie verlegten den Schwerpunkt ihrer seemännischen Rüstungen in das Adriatische Meer. Die Bedeutung der Geiserichschen Flottenmacht haben sie jedoch nicht erreicht. Byzanz gebot auf See, nachdem die Vandalen überwältigt waren.

Laienmund gefällt sich in der unüberlegten Behauptung, die Seefahrt jener Zeit sei eine Küstenseefahrt gewesen. Tagsüber wäre man in Sicht der Küste „immer an der Wand entlang" dahingesteuert, bei anbrechender Dunkelheit habe man geankert oder gar die „Kiele", wie es dann so schön heißt, „auf Strand gezogen". Der Seemann lächelt über solche Darstellung. Küstennavigierung ist und bleibt das Unangenehmste, was es gibt. Auf freier See verliert man nur selten sein Schiff, Schiffbrüche sind Opfer der Küste. Darum klebt man nicht an ihr, sondern steuert lieber im freien Fahrwasser. Es hieße unseren Altvordern bitter Unrecht tun, wenn man ihnen die Fähigkeiten hierzu abspräche. Als naturverbundene Menschen verstanden sie die Sprache von Wolken, Wind und Seegang sehr genau. Auch die Sterne waren ihnen vertraut. Hinzu mag ein Ortsgefühl gekommen sein, eine Vorstellungskraft des Zurechtfindens auf Grund von Beobachtungen, die uns verlorengegangen ist, über die heute aber noch unzivilisierte Völker verfügen. In den Gewässern um die engere Heimat war man schließlich in einer Weise ortsvertraut, die auch heute noch bei Fischern und Küstenfahrern alltäglich ist. Dies alles kam zusammen, um ein Maß an seemännisch-nautischen Kenntnissen und Erfahrungen zu gewährleisten, das ein volles Anrecht gab, der freien See, selbst in fremder Umgebung, zuversichtlich ins Antlitz zu schauen. Wäre es anders gewesen, jene Franken unter Kaiser Probus, von denen wir oben hörten, hätten es nie und nimmer gewagt, das Mittelländische Meer und den Atlantischen Ozean zu bezwingen, um vom Schwarzen Meer aus siegreich nach der Heimat zurückzukehren.

Deutsche Seefahrt im frühen Mittelalter

Mit dem Ende der Völkerwanderung, jener gewaltigen Flut, die nicht nur eine grundlegende Verschiebung der Machtverhältnisse, sondern auch rassenmäßig eine völlig neue Durchblutung der europäischen Völker zur Folge hatte, fällt keineswegs ein Stillstand germanischer Seefahrt zusammen. Seegermanische Reiche entstanden zwar nicht mehr, aber an den Küsten der alten Heimat regte sich ununterbrochen ein starkes seemännisches Leben, das sich weite Ziele steckte und über die Meere strebte. Wenn immer wieder behauptet wird, lediglich der Mangel an Raum zum Seßhaftbleiben habe die Wanderbewegung der Germanen ausgelöst, so scheint hiermit eine stark einseitige Begründung gegeben zu sein. Die Uranfänge der Völkerwanderung mögen sich hierauf zurückführen. Man vergegenwärtige sich nur die engen Wohnraumverhältnisse in der Steinwelt norwegischen Landes. Später jedoch, als die Bewegung in Fluß war, als der Quell der Nachrichten über fremde Länder immer lebhafter und leuchtender sprudelte, da sind es sicherlich auch Kampfesmut und Abenteuerlust gewesen, die neue Scharen aufbrechen ließen, um das Glück in der Fremde zu suchen. Auf Mannestüchtigkeit, auf die Bewährung im Streit mit widerstrebenden Gewalten baute sich die Lebensanschauung unserer Vorfahren auf. Rodende, arbeitsame Hände hätten auch in der Heimat Lebensmöglichkeiten schaffen können, zumindest im Ostseegebiet. Der heldische Sinn zog aber den Mann auf die Walstatt, nichts deuchte ihn verächtlicher als der Strohtod. Und so darf man mit Fug und Recht annehmen, daß diese Einstellung zum Leben den Wander- und Fahrtentrieb der Germanen in stärkstem Maße befruchtet hat. Er wirkt auch heute noch in uns nach, überall in der Welt trifft man auf deutsche Siedlungen. Ja, der Wandertrieb ist vielleicht sogar schuld an unserer sattsam bekannten weltbürgerlichen Einstellung, die uns fremder Art und Sitte nur zu gern nachlaufen läßt.

Die berühmten oder auch berüchtigten Züge der Wikinger und Normannen, die vornehmlich die westdeutschen und fränkischen Küsten aufsuchten, sind unzweifelhaft in erster Linie auf den ungebändigten Abenteuer- und Kampfestrieb unserer Vorfahren zurückzuführen. Dabei bewiesen die Wikinger eine Vertrautheit mit der See, die die Menschen jener Zeit über-

raschte und einen alten Dichter voller Entsetzen die Worte sprechen ließ:
„Sie suchen auf den Meeren ihre Nahrung, ja, sie bewohnen das Meer!"
Auch die angelsächsischen Chronisten finden um 836 bewegliche Klagen.
Hengist und Horsas Nachfolger hatten längst das Christentum angenommen
und waren behäbige Landsassen geworden, denen der Pflug besser in der
Hand lag als das Schwert, Speer und Schild. So jammerte man, daß der
„allmächtige Gott Flotten von grausamen heidnischen Dänen, Norwegern,

Wikinger landen an Frankreichs Küste

Goten, Schweden, Vandalen und Friesen schicke, die England von einer
Küste bis zur anderen verwüsteten". Man erkennt auch hieraus, daß die
Kunst der Seefahrt und der Drang, sich aufs Meer hinauszuwagen, dem
unverfälschten Germanentum angeboren war.

Ein Herrscher wie Kaiser Karl der Große, über dessen Wesen und Bedeutung heute viel schief gesehene Darstellungen im Umlauf sind, nahm die
Gefahren an der Nordgrenze seines Reiches durchaus ernst. Seit dem
Jahre 800 drang er auf Bewachung der Küsten und auf die Bereitstellung
einer Flotte. Im Jahre 810 musterte er bei Boulogne und in der Scheldemündung den vorhandenen Bestand an Schiffen. Nach seinem Tode verfiel

und verfaulte, was er geschaffen hatte. Der Seesturm der Wikinger brauste indes stärker denn je dahin. Was anfänglich nur ein abenteuerliches Abtasten fremder Küsten gewesen war, wuchs sich aus zu einer Springflut ungebrochener germanischer Urkraft. Unter tatkräftigen, seeerfahrenen Führern schlossen sich die Wikinger zu einer einheitlichen Streitmacht zusammen. Als sich die Enkel Karls des Großen um der Vormachtstellung im Reiche willen zerfleischten, setzten gegen das Frankenland Angriffe von einer ungeheuren Wucht ein. Über das Gebiet der Seine und Loire fielen die Wikinger zu wiederholten Malen her, Aquitanien, der Somme-Gau und das Marne-Gebiet wurden heimgesucht. Schwer litten die Anwohner der Elbe, am schwersten jedoch Friesland. Wie gewaltig die Stoßkraft der Wikinger war, geht daraus hervor, daß Tours, Orléans, Nantes, Paris und Hamburg zerstört wurden. Beim Angriff auf Hamburg (845) sollen nicht weniger als 600 Langschiffe gezählt worden sein. Die kühnen Seefahrer beschränkten sich bei ihren Unternehmungen aber nicht nur auf das Nordseegebiet. Bereits im Jahre 844 dehnten sich ihre Fahrten bis nach Spanien aus, um fünfzehn Jahre später die Straße von Gibraltar zu durchsegeln. Vor allem aber: sie überquerten im Jahre 862 die Ostsee und gründeten, von Nowgorod aus, unter ihren Führern Rörik (Rurik), Signjut (Sinjeus) und Thorward (Truwor) das große russische Reich, das von ihnen, den Russ, wie die Slawen sie nannten (rusyj = blond), den Namen empfing; nicht anders wie auch in der Bezeichnung England (Angelnland) die germanische Herkunft steckt. Rurik war ein gewaltiger Herrscher. Zwei seiner Gefolgsleute, Haskuld (Askold) und Dyri (Dir), drangen bis zur Ukraine vor und schufen dort mit der Hauptstadt Kiew ein eigenes Reich. Ruriks Nachfolger Helgi (Oljeg) eroberte Kiew und machte es zum Mittelpunkt des gesamten Herrschaftsgebietes. Askold und Dir waren vordem mit 200 Schiffen bis nach Miklagard (Konstantinopel) vorgedrungen. Das sind Unternehmungen und Taten — man mag sich im einzelnen zu ihnen stellen, wie man will —, die das eine jedenfalls bezeugen, daß Männer an ihnen beteiligt waren, die sich auf die Seefahrt verstanden, den Gefahren des Meeres trotzten und scharfen Schwertschlag nicht scheuten.

Ein friedfertigeres Bild sehen wir, wenn wir die Seefahrt der Friesen betrachten, denen es schon zu jener Zeit vorwiegend nicht um Seeraub, sondern um Seehandel zu tun war. Die Friesen hatten unter den wilden Wikingerzügen besonders stark zu leiden, trotzdem hat ihr Seehandel zu keiner Zeit gestockt. Daß er sich bei weniger gefährlichen Verhältnissen auf See noch günstiger und umfassender entwickelt haben würde, steht außer

Zweifel. Andererseits soll man nicht übersehen, daß die Seefahrt an sich gerade durch den stürmischen Wagemut der Wikinger einen starken Antrieb erhielt. Im übrigen hat auch in der Brust so manches Friesen ein schwertfrohes und wagemutiges Herz geschlagen. Karl der Große bemannte seine Flotte vornehmlich mit Bewohnern der friesischen Küste. Sie haben auf der Elbe gegen Slaven und auf der Donau gegen türkische Völkerschaften gekämpft. Ja, ihr Ruhm als tüchtige Seeleute strahlte sogar so hell, daß König Alfred der Große von England bei Ausrüstung seiner Flotte in erheblichem Umfange auf friesische Mannschaften zurückgriff. Ihr Einfluß und ihr Ansehen waren derart groß, daß man sie als die Wegebereiter des hansischen Unternehmungsgeistes, aber auch als die Förderer der Sonderstellung bezeichnen darf, die später der deutsche Kaufmann in London und anderen englischen Hafenstädten für lange Zeiten einnehmen sollte.

Von den Wikingern belebt, lernte es auch die friesische Schiffahrt, zu weiteren Unternehmungen auszuholen. Das Zeitalter der Kreuzzüge löste bei ihr hohe Schwungkraft aus. Der Gedanke, die Kämpfe um das Heilige Grab als ein rein religiöses Beginnen aufzufassen, ist von der Geschichtsforschung unserer Tage längst preisgegeben. Machtpolitische Bewegungen haben auch hier eine sehr bedeutsame Rolle gespielt, jedenfalls in den romanischen Ländern. Bei den Deutschen kam aber noch ein anderes hinzu: ihr starker, immer wacher Drang zur See regte sich mit Macht, als das Wort von der Befreiung Jerusalems in aller Munde war. Hier mitzuhelfen, über See bis zum Heiligen Lande vorzudringen, das war ein Wagnis, das Tausende lockte und den Wünschen eines Geschlechts entsprach, das zwar schon viel vom ehrbaren Kaufmann und Städtebewohner angenommen hatte, aber noch immer einen Menschenschlag darstellte, der kühne Taten und verwegene Abenteuer liebte. Unleugbar steckte in den Friesen und in den anderen Deutschen, die über die Atlantis und durch das Mittelmeer dem Heiligen Lande zustrebten, immer noch ein gut Teil echten Wikingergeistes, erwies er sich im allgemeinen auch als weniger rauh und als milder gesittet.

Der Weg über See, der von den deutschen Küsten aus gen Akkon führte, war bekannt; nicht nur als alte Normannenfährte, mehr noch, weil auch friesische und flandrische Seefahrer in der zweiten Hälfte des 11. Jahrhunderts die Fahrt ins Mittelmeer wagten. Eine alte Segelanweisung, von denen es hunderte gab — schon im römischen Weltreich waren sie als Stadienanzeiger, zum Teil mit genauer Küstenbeschreibung, schriftlich niedergelegt worden —, gibt den Weg wie folgt an: „Die Reise geht von Ripen in Jütland zum Sinkfal in Flandern, von da über Pratwle Point (England) und Pointe de S. Mathieu (Bretagne) nach La Coruña, Lissabon und schließlich zum Narvese, d. h. Njörrasund (wie die skandinavische Bezeichnung für die Straße von Gibraltar lautete). Von da folgt der Weg der Ostküste Spaniens über Tarragona und Barcelona nach Marseille, um über Messina Akkon zu erreichen." Daß deutsche Seefahrer schon vor den Kreuzzügen das Mittelmeer aufgesucht hatten, ergibt sich unter anderem daraus, daß im Jahre 1097 vor Tarsus eine starke Flotte auftauchte, die eigenem Eingeständnis nach seit acht Jahren vom Seeraub lebte, sich nunmehr aber dem großen Werk der Christenheit zur Verfügung stellte. Die Leute an Bord waren ausschließlich Friesen und Blamen. Sie waren fünf Jahre früher von der Heimat aufgebrochen, als das Kreuz gepredigt wurde. Religiöse Schwärmerei hatte sie demnach nicht unter Segel gehen lassen.

Über die später einsetzenden Pilgerfahrten deutscher Gottesstreiter durch die Straße von Gibraltar liegt eine Fülle von Nachrichten vor. Im Jahre 1102 liefen zweihundert christliche Schiffe das belagerte Jaffa an, von denen ein nennenswerter Teil vom Niederrhein stammte. Fünf Jahre später traf eine Flotte im Heiligen Lande ein, die siebentausend Pilger an Bord führte, deren Heimat England, Dänemark, Flandern und Friesland war. Nachdem die Siebentausend Jerusalem besucht hatten, kehrten sie auf dem Seewege heim. Auch der zweite Kreuzzug sah starke deutsche Seeunternehmungen. Kölnische Leute, Anwohner der Weser und Bewohner Flanderns taten sich zusammen. Ihre Schiffe segelten am 27. April 1147 von Köln ab, um sich am 19. Mai in Dartmouth mit englischen Pilgern zu vereinigen. Das Gesamtaufgebot zählte 190 Schiffe mit rund 10 000 Mann Besatzung, unter denen die Deutschen am stärksten vertreten waren. Aus den Erlebnissen der Fahrt sind Einzelheiten erwähnenswert. Die Westspitze der Bretagne wurde nicht gesichtet, sondern nur durch Tiefenlotungen und die Beobachtung der Meeresfarbe navigatorisch ausgemacht. In der Biskaya wurde die Flotte von einem schweren Sturm auseinandergetrieben. Sie sammelte in nordspanischen Häfen. Dem Ersuchen König Alfons' I. von Portugal, ihm im Kampfe gegen die Mauren zu helfen, wurde bereitwilligst entsprochen: man kämpfte ja auch hier gegen die Ungläubigen! Die Belagerung Lissabons zögerte sich jedoch bis Ende Oktober hin. Als die Stadt fiel, war die Beute so gewaltig, daß viele der frommen Pilgersleute es vorzogen, sich mit dem Erworbenen an Ort und Stelle eine neue Heimat zu gründen. Wichtig ist die Feststellung, daß also auch bei der

Befreiung Lissabons deutsche Tatkraft und deutscher Schwertschlag nicht unerheblich mitgewirkt haben. Erst im Februar 1148 segelte die Kreuzfahrerflotte von Lissabon weiter. Über ihre ferneren Schicksale wissen wir nichts. Im Jahre 1189 sah Dartmouth ein zweites Mal die Versammlung deutscher und englischer Schiffe. Ihre Zahl wird auf 55 angegeben. Auch sie hielt man nach erprobtem Muster in Portugal fest; diesmal galt es, die maurische Feste Alvor mit stürmender Hand zu nehmen. Wiederum war der Beutegewinn derart beträchtlich, daß etliche der am Zuge beteiligten Kölner auf die Fortsetzung der Fahrt nach Akkon verzichteten. Die Chroniken Kölns berichten jedenfalls, daß Kreuzfahrer, die bei Alvor gekämpft hatten, bereits im Februar 1190 mit reicher Beute heimgekehrt seien. Gleichzeitig regte es sich aber auch im Gebiet der Weser und in Lübeck. Es liegen Nachrichten vor, daß am 23. April 1189 elf Schiffe den Weserhafen Blexen verließen, um über Lowestoft und Sandwich nach Dartmouth zu segeln, das demnach zu jener Zeit als ein besonders bevorzugter Flottensammelplatz gegolten haben muß. Die Weiterfahrt litt unter schlechtem Wetter. Die Schiffe brauchten 39 Tage, um über Bellisle, La Rochelle, Gijon und die Tambre-Häfen Lissabon zu erreichen. Auch diese Deutschen schlugen sich zugunsten des portugiesischen Volkes mit den Mauren. Silves, die Hauptstadt von Algarves, wurde dank ihrer Hilfe bezwungen. Am 29. September passierten die Schiffe Gibraltar, am 17. Oktober ankerten sie vor Marseille. Daß sie Palästina erreicht haben, steht fest. Wir dürfen annehmen, daß zu ihrer Besatzung diejenigen Bürger Bremens und Lübecks gehörten, die im Jahre 1190 vor Akkon durch Errichtung eines Hospitals die Gründung des Ordens der Brüder vom deutschen Hause einleiteten, auch Marienbrüder genannt, die späterhin unter ihrem Hochmeister Hermann von Salza im Preußenlande kolonisierten. Das nächste Seeunternehmen kam im Jahre 1197 zustande, wo sich Tausende von sächsischen und niederrheinischen Pilgern auf 44 Schiffen versammelten, um nach dem Heiligen Lande zu segeln. Zwanzig Jahre später lagen in der Maas-Mündung bei Vlaardingen nicht weniger als 112 deutsche Schiffe bereit, um die Gotteskämpfer aufzunehmen, die dem Rufe der Kreuzesprediger folgten. In Dartmouth vereinigte man sich mit 100 friesischen Schiffen, so daß über 200 Segel beieinander waren. Den Oberbefehl führte Graf Wilhelm von Holland, ihm stand als predux totius classis, als Zweiter Admiral, Graf Gerhard von Wied zur Seite. Unter Verlust von vier Schiffen erreichte man Lissabon. Der Papst hatte ausdrücklich untersagt, zugunsten der Portugiesen vom Leder zu ziehen. Was half's, man tat es dennoch, nur die friesischen

Schiffe segelten gehorsam weiter. Von der von Köln ausgerüsteten Hauptflotte erreichten nur 34 Koggen ihr Ziel Akkon. Die Friesen haben sich später bei der Belagerung von Damiette in einer Weise bewährt, daß ihre Tüchtigkeit als Seefahrer zu höchstem Ansehen stieg. Ludwig IX. von Frankreich begehrte ausdrücklich friesische Hilfe, als er im Jahre 1269 aus rein machtpolitischen Gründen einen Feldzug gegen Tunis ins Leben rief. Den Friesen gegenüber verschleierte er jedoch seine Absichten; er ließ sie lediglich wissen, daß er zu Johanni 1269 von Aigues-Mortes aus in See gehen werde, womit er in ihnen die Vorstellung erweckte, es gelte erneut um das Grab des Erlösers zu kämpfen. Aufs trefflichste ausgerüstet, verließen 50 friesische Koggen die Heimat. Erst in Sardinien erhielten sie Kenntnis über Ludwigs wahre Absichten. Alsbald bedurfte es großer Überredungskünste, um die Besatzungen zur Weiterfahrt nach Tunis zu bewegen — ihr Gelübde band sie ja für Jerusalem! Und hiervon ließen sie auch nicht ab. In Tunis gelandet, erfochten sie einen glänzenden Sieg an der Küste, begaben sich dann aber wieder an Bord und segelten, hartschädelig, wie es nur Deutsche sein können, auf eigene Faust gen Akkon. Unterwegs erlagen viele einer Seuche, die in Tunis an Bord eingeschleppt war. Nur ein kleiner Teil des ganzen Aufgebots sah später die Heimat wieder.

Zusammenfassend darf festgestellt werden, daß während der Kreuzzüge kein anderes Volk das gleiche auf See geleistet hat wie das deutsche. Die Engländer, die Franzosen und die Skandinavier reichen ihnen nicht entfernt das Wasser. Daß auf den weiten und wagemutigen Fahrten seemännisch und nautisch viel gelernt worden ist, war ein Erfolg, der jener Zeit zugute kommen sollte, die unter dem stolzen Namen der Hanse bekannt ist. Bevor wir uns ihr zuwenden, soll noch ein kurzer Auszug aus dem Reisebericht eines Abtes Emmo folgen, der an einem Seezuge der Friesen im Jahre 1217/18 teilnahm und uns durch seine Schilderungen einen besonders guten Einblick in die Verhältnisse der mittelalterlichen Seefahrt gewährt. Es heißt dort: „Wir verließen den Hafen von St. Mathieu. Unsere Segel wurden vom Nordwind geschwellt, der mit allen seinen Seitenwinden den nach Lissabon Segelnden zu Diensten ist. In Phare *) (La Coruña) wurden wir neun Tage durch Gegenwind aufgehalten. Wir erfuhren von den Einwohnern, daß man bei günstigem Winde für die Fahrt nach Lissabon nicht aus dem Hafen herauskommen könne. Wir fuhren daher in Richtung nach

---

*) So genannt, weil dort ein mächtiger Leuchtturm (pharus) aus der römischen Zeit stand, angeblich von Kaiser Trajan erbaut.

der Bretagne zurück und liefen einen vorzüglichen Hafen namens Tui (El Ferrol) an. Am Feste der Apostel Peter und Paul gingen wir wieder in See, wurden von unsteten Winden drei Tage und drei Nächte auf den Wogen umhergetrieben und gelangten am vierten Tage nach Oporto. Dieser Hafen besitzt einen engen Zugang. Eines unserer Schiffe gelangte nicht ohne Gefahr hinein. Die übrigen ließen außerhalb der Riffe ihre Anker fallen." „Am 7. August", heißt es an anderer Stelle, „setzten wir Segel und flogen mit demselben Winde und derselben Segelstellung bis zum Eingang der Meerenge Ostrior (Gibraltar). Hier war uns der Wind entgegen. Wir verbrachten die Nacht vor Anker liegend. Am Morgen wurden wir durch den heftigen Wind gezwungen, nach der Insel Cadix zurückzukehren. Vier Tage lang wurden wir vor der Insel von den empörten Wogen hin- und hergeschleudert. Endlich hielten wir es für das sicherste, vor dem Winde zu treiben und uns dem stürmischen Meer anzuvertrauen, indem wir der Worte Senecas gedachten: »Nichts ist den Schiffen im Sturm so furchtbar wie das Land.« Am 12. August lichteten wir die Anker — die meisten ließen sie allerdings schlippen — und verließen zu 86 Schiffen den Liegeplatz. Wir wurden aufs Meer hinausgetragen, ohne uns, wie es beabsichtigt und beschworen war, zusammenhalten zu können."

Das Passieren der Meerenge von Gibraltar wird vom Abt Emmo wie folgt geschildert: „Am dritten Tag endlich setzten wir Segel und liefen gegen Sonnenuntergang in die grausige Enge, wo Europa und Afrika mit Leichtigkeit zur Linken und zur Rechten erblickt werden können. Wir schienen nicht zu segeln, sondern zu fliegen, so daß die, welche oft an Bord eines Schiffes gewesen und im Seemannshandwerk alt geworden waren, sich verschworen, niemals seien sie von gleich wütenden Elementen überfallen worden."

Der Sturm trieb die Friesen ab, sie litten schwer unter Süßwassernot. „In Tortosa, wo der Ebro, der Hauptfluß zwischen Heiden und Gläubigen, mit süßem Wasser einmündend das Salzwasser mildert und trinkbar macht", fanden sie Erholung. Dann ging es über Tarragona nach Barcelona, wo sich die einzelnen Schiffe nur ganz allmählich einstellten. Marseille konnte harter Nordwinde wegen nicht angelaufen werden. Im Hafen von Corneto (Italien) machte die Flotte für längere Zeit Halt (Winterlager). Sehr kennzeichnend heißt es dann weiter: „Am Tage Mariä Verkündigung setzten wir Segel und segelten glücklich einen Tag und eine Nacht weiter, wurden dann aber durch Gegenwinde in den Hafen von Civita vechia zurückgetrieben. Noch am gleichen Tage liefen wir aber wieder aus, der Nordwind schwellte unsere Segel. Wir ließen Sizilien, wohin wir unseren Kurs gerichtet hatten,

Kreuzfahrer passieren die Straße von Gibraltar

zur Linken und gelangten am sechsten Tage durch die Unwissenheit unseres Führers, aber mit Christi Hilfe nach der Insel Lampodusa, die 50 Meilen von der Berberei entfernt liegt. Dort trafen wir einen genuesischen Korsaren an, der uns über unseren Irrtum aufklärte. Nachdem wir 120 Meilen zurückgelegt hatten, gelangten wir zur Insel Malta. Wir passierten sie an Steuerbord und erreichten dann Syrakus. Am Ostersonntag warfen wir unter der Insel Kreta Anker. Am nächsten Morgen steuerten wir die Insel Sikilon an. Wir verloren unseren Anker, wurden abgetrieben und gelangten gegen Abend in den Schutz der Nordküste von Kreta. In Kandia wurden wir von der Besatzung der Insel mit größtem Entgegenkommen darüber belehrt, welchen Gestirnen wir auf dem Wege nach Akkon zu folgen hätten. Nach Sonnenuntergang verließen wir Kandia, wurden von Wind und See begünstigt und fuhren am siebenten Tage froh in den Hafen von Akkon ein. Wir brachten Gott unseren Dank dar, nicht so viel wir schuldig waren, aber so viel wir vermochten."

Soweit unser frommer Gewährsmann. Eines geht aus seinen Schilderungen klar hervor: die Seefahrer jener Zeit standen naturgemäß völlig unterm Bann des Windes. Um so mehr sind die Zähigkeit und die Härte anzuerkennen, mit denen sie ihr einmal gestecktes Ziel nicht aus dem Auge ließen.

Aus der Hansezeit

Es geht nicht an, von einer „Gründung" der deutschen Hanse zu sprechen, wie es mitunter aus Verkennung der Tatsachen geschieht. Der Bund stellte vielmehr ein mehr oder minder loses Gebilde dar, das ganz allmählich entstand, geboren aus der Besonderheit der Verhältnisse, vor allem aber aus der Not der Zeit. Unter dem Worte Hanse verstand man damals allgemein eine Gesellschaft, eine Genossenschaft oder auch einen Trutzbund. Solche Genossenschaften taten sich vornehmlich in der Fremde zusammen, und zwar zu dem Behufe, die eigenen Belange im Zusammenschluß wirksamer zu vertreten, als es dem einzelnen möglich war. Als sich der deutsche Kaufmann immer kräftiger in der Fremde zu regen begann, zunächst vom Rhein, von der Maas, von der Schelde und von Westfalen aus, da erwies es sich

Kogge vor dem Stalhof in London

nur zu bald als unumgänglich notwendig, sich selbst strenge Gesetze zu geben, damit Zucht und Ordnung herrschten, dem Gaststaate aber Rechte oder Vorrechte abzuverlangen, die mangels einer diplomatischen Vertretung des Reiches einen genügenden Schutz für das Leben, aber auch für den Handel darstellten. So entstanden im Laufe der Zeit die verschiedenen hansischen Höfe oder Kontore, in London, in Brügge, in Bergen, in Wisby auf Gotland, in Reval und in Nowgorod. Der Genossenschaftsgedanke, der sich in der Fremde als glück- und kraftbringend bewährte, übertrug sich in seiner Rückwirkung auf die Heimat. Und da er hier mit verwandten Bestrebungen zusammentraf, mit dem Abschluß von Städtebündnissen, so machte es sich ganz von selbst, daß der Kreis derer, die sich aus Gründen kaufmännischer Sicherheit zusammenschlossen, immer weiter griff. Im Jahre 1157 waren die Kölner bereits im Besitz eines eigenen Kaufhofes in London, der Gildehalle, einer Anlage, die sich in der Folgezeit zu dem mächtigen Quartier des Stalhofes erweiterte. Wisby auf Gotland wurde etwa zur selben Zeit ein Brennpunkt deutschkaufmännischer Handelsinteressen, so daß sich also die Seefahrt der Deutschen auf der Ostsee und der Westsee gleichzeitig belebte; wobei eingeschaltet sei, daß die später aufgekommene, völlig verfehlte Bezeichnung Nordsee schon insofern recht unglücklich gewählt ist, als englische Seekarten noch bis ins 19. Jahrhundert hinein eine „Deutsche See" (German Sea) kannten. Zur Vertiefung des Hansebündnisses hat unleugbar der Umstand sehr viel beigetragen, daß zwischen den führenden Familien, den Geschlechtern oder Patriziern, eine weitverzweigte Verwandtschaft bestand. Ob man in Soest oder Münster, in Lübeck oder Riga weilte, überall traf man auf Maschen eines wirtschaftspolitischen Netzes, das sogar nicht einmal des machtpolitischen Glanzes entbehrte, insofern die Ratstühle in den verschiedenen Städten oft von näherer oder fernerer Verwandtschaft besetzt waren. Trotzdem ist festzuhalten, daß sich die Kaufleute von der deutschen Hanse in erster Linie auf das Recht stützten, dieses durch Verträge zu sichern bestrebt waren und sich stets nur schwer entschlossen haben, zu den Waffen zu greifen, um mit kriegerischer Gewalt für ihre verletzten Rechte einzutreten. Daß sie es überhaupt taten, lag an dem mangelnden Schutz durch das Reich, dann aber auch an der durch die Zeit bedingten Waffengewöhnung. Bewaffnete reisende Kaufmannsscharen waren sowohl an Land wie auf dem Wasser ein alltäglicher Anblick. Zum gegenseitigen Schutz fand man sich immer wieder zusammen. Daß bei der allgemein herrschenden Unsicherheit das Schwert oft genug, mitunter vor der Zeit, aus der Scheide fuhr, darf uns nicht wundernehmen. Woran man aber im kleinen gewöhnt war, das ließ man nicht außer acht, sobald Notzeit kam, die sich nicht anders als mit Waffengewalt bannen ließ. Im übrigen war der Kaufmann von der deutschen Hanse besonders stolz darauf, daß er und kein anderer den kaufmännischen Betrieb auf völlig neue Grundlagen stellte. Er war es nämlich, der in dem Geschäftsverkehr das schriftliche Verfahren einführte und damit die Tätigkeit des alten Überseekaufmannes ausschaltete, der nicht anders handeln zu können glaubte, als in der Form, daß er seine Waren selbst zu Schiff begleitete und an Ort und Stelle an den Mann brachte. Die deutschen Handelsherren lehrten die nordische Welt, daß man von einem festen Platze aus seine Geschäfte besorgen könne, sie machten die Schreibkammer (skrivekammer) zum Herzen des kaufmännischen Betriebes.

Um die Mitte des 14. Jahrhunderts gewann der „Bund der Städte von der deutschen Hanse", wie er sich allgemach nannte, unter Lübecks Führung festere Gestalt, obwohl man sich nach wie vor scheute, machtpolitische Ziele über kaufmännische Ziele zu stellen. Man hatte stets die Bewahrung des Friedens, nie die Entfesselung des Krieges im Auge und handelte dabei weit ungekünstelter und ehrlicher, als es heute in der hohen Politik gemeinhin zu geschehen pflegt. Rüstete man seine Koggen zu Kampf und Streit aus, dann nannte man sie „Friedeschiffe", was besagen sollte, daß es ihre Aufgabe war, den gestörten Frieden wieder herzustellen. Trotzdem hat es an schweren Kämpfen, ja man muß sogar von Kriegen sprechen, nicht gefehlt. Und im Rahmen unserer Betrachtung ist es nun das Große und Erhebende, daß sich die Hansestädte und ihre Bürger zu wiederholten Malen auf dem Wasser mit einem Geschick und einer Tapferkeit geschlagen haben, die unsere höchste Anerkennung verdienen; insonderheit aber dartun, daß das deutsche Volk nach wie vor ungebrochen tüchtig auf See war.

Es hat nicht nur an der Sperrlage Dänemarks zwischen Ostsee und Westsee, sondern auch am alten germanischen Erbfehler der Uneinigkeit und Scheelsucht gelegen, daß sich die Reibereien, die sich zwischen den hansischen Seefahrern und den Dänen immer wieder ergaben, gelegentlich bis zur Siedehitze steigerten. Lübeck und mit ihm die „wendischen" Städte, wie die Zeit Wismar, Rostock und Stralsund in Erinnerung an überwundene slavische Herrschaft nannte, hatten darunter am meisten zu leiden; vornehmlich als der tatkräftige und in Verfolgung seiner Ziele ungemein zähe König Waldemar IV. auf dem dänischen Thron saß und stark auf Wahrung seiner Macht bedacht war. Er war eine echte Wikingnatur, leidenschaftlich, stolz und herrisch, und wenn seine Faust zugriff, dann gab es keine Bedenken

Auf Ausguck

mehr. Für die Hansen wurde Waldemars Wirken bedrohlich, als er sich zum Herrn über Holstein, Mecklenburg und Pommern aufwarf, die Schweden aus Schonen vertrieb und den bedeutsamen Umschlagplatz im Ostseehandel, Wisby auf Gotland, in seine Hand brachte (1361). Solche Tat rührte am Lebensnerv der deutschen Ostseeschiffahrt. Das hansische Blut brauste auf. Man verständigte sich schnell untereinander, belegte als erste Entgegnung alle dänischen Waren und Güter mit Beschlag und beschloß auf einem alsbald nach Greifswald einberufenen Hansetag, daß vorerst niemand, bei Verlust seines Lebens und Gutes, auf dänischen Gebieten Handel treiben dürfe. Gleichzeitig wurde mit Schweden und Norwegen ein Bündnis abgeschlossen, in dem die beteiligten Städte nach Maßgabe ihrer Kräfte militärische Hilfe zusicherten. Man vergegenwärtige sich, was das für heutige Begriffe heißt: Teile des Deutschen Reiches paktierten mit fremden Mächten, führten Krieg auf eigene Faust und traten demnach in der hohen Politik völlig selbständig auf. Kaiser und Reich hatten nichts dawider, ja sie kümmerten sich nicht einmal darum. Laut Bündnisvertrag hatten die Hansen 52 Schiffe auszurüsten. Im April 1362 ging die Flotte in See. Es befanden sich viele Soldritter aus Westfalen und Sachsen an Bord, abermals ein Beweis dafür, daß der Drang, aufs Wasser zu kommen, ungebrochen im deutschen Binnenland lebte. Unter Führung des Lübecker Bürgermeisters Johann Wittenborg ankerte die Flotte zunächst vor Helsingborg. Zwölf Wochen wartete sie dort vergeblich auf das Eintreffen der Verbündeten.

Als Wittenborg zum Sturm schritt und zu diesem Zweck seine Schiffe von Mannschaften über Gebühr entblößte, benutzte Waldemar die Gunst der Lage, um sich über die hansische Flotte herzumachen. Zwölf der größten Koggen fielen in seine Hand. Er erfocht einen glänzenden Sieg. Der Schlag traf die Hansen hart. Ihren Mut und vor allem ihre Überzeugungstreue, daß den Herrschaftsgelüsten König Waldemars nun erst recht Einhalt geboten werden müsse, brach er jedoch nicht. Johann Wittenborg führte die Trümmer seiner Flotte in die hansischen Häfen zurück. Der Rat von Lübeck enthob ihn alsbald seiner Stellung und ließ ihn ins Gefängnis werfen. Das Geschick des tief gestürzten Mannes ist ungemein kennzeichnend für die Auffassung einer Zeit, die nicht nach schwächlichen Entschuldigungen suchte, sondern das Schicksal des einzelnen streng dem Gesamtwohl unterordnete. Wittenborg wurde der Prozeß gemacht. Nicht genug damit, daß man schwere Einbuße an Hab und Gut zu beklagen hatte, man fühlte sich auch in seinem Stolz gekränkt, vor allem aber politisch mehr denn je bedroht. Auf einem Hansetag, der am 1. 1. 1363 zu Stralsund stattfand, kam man zu dem Beschluß, daß Wittenborgs Handlungsweise „nicht als frei von Schuld angesehen werden könne". Alle Bemühungen von befreundeter Seite, das Schlimmste abzuwenden, zerschellten an den ehernen Grundsätzen des Lübecker Rats. Nachdem die Städte die Entscheidung, was mit Wittenborg zu geschehen habe, der Vaterstadt überlassen hatten, sprach man in Lübeck Recht und verurteilte seinen Mitbürger zum Tode. „Er wurde am Haupte gestraft", wie der Chronist berichtet. Aber nicht genug damit, man gönnte dem Unglücklichen nicht einmal die selbstgewählte Ruhestätte in St. Marien an der Seite seines Vaters. Der Rat untersagte, daß man seinen Namen in das Memorialbuch der Stadt eintrüge, und verbannte die Leiche in das Burgkloster, allwo besondere Seelenmessen für arme Sünder gelesen wurden.

So hart, wie man im Innern seines Gemeinwesens war, so hart blieb man aber auch dem äußeren Feinde gegenüber. Die Handelssperre wurde unverändert beibehalten, auf Verletzung des Gebots wurden erneut strenge Strafen gesetzt; man stellte Kaperbriefe gegen Dänemark aus und ließ auch dann von seinem Vorhaben nicht ab, König Waldemars Macht zu brechen, als sich die Beziehungen zu den Bundesgenossen Schweden und Norwegen lockerten. Im Jahre 1365 kam ein Friede zustande, an dessen Dauer aber niemand recht glauben wollte. Im Augenblick, als die Kriegsfackel zwischen Schweden und Dänemark von neuem aufloderte, griffen auch die Hansen wieder ein. Von der ganzen Küste, von Elbing bis Amsterdam, trafen ihre Sendboten in Köln am Rhein zusammen, um eine „Konföderation" zu schließen, von der sich allein die Gaststadt fernhielt; ein eigenwilliges Gebaren, das Köln wiederholt bewies. Diesmal suchte man aber in großzügiger Weise für seine Sache Stimmung zu machen, indem man Klageschriften wider Dänemark, das den „gemeinen Kaufmann an Schiffen und Gütern vielfach geschädigt habe", an die Könige von Polen und England, an 29 deutsche Fürsten und schließlich auch an den Kaiser und an den Papst sandte. In dem Schreiben an des Kaisers Majestät hieß es kennzeichnerweise: „Da er zu fern wohne, um seine schwache und verlassene Herde mit den Waffen zu schützen, möge er es den Städten nicht übel nehmen, wenn sie mit Gottes gnädiger Hilfe etwas zu ihrer Verteidigung täten." Solche Sprache ist uns heute schlechterdings unverständlich. Mag man auch zugeben, daß die Schwierigkeiten der Verkehrsbewältigung manche Schranken aufrichteten, die unser Geschlecht nicht mehr kennt, so kommt man doch nicht an der traurigen Erkenntnis vorüber, daß es um die innere Einigkeit und Festigkeit des Reiches mehr als kläglich bestellt war. Deutsche Städte sind gezwungen um ihrer Selbstbehauptung willen Krieg mit einer fremden Macht zu führen. Sie rechnen gar nicht mit der Unterstützung durch die

Einnahme von Kopenhagen durch Brun Warendorp 1368

oberste Staatsgewalt, sondern sind lediglich darauf bedacht, deren Zorn nicht zu erregen.

Die hansische Kriegsflotte, die sich im Frühjahr 1368 bei Hiddensee versammelte, zählte zwar nur 37 Schiffe, war aber trefflich ausgerüstet und, wie es sich bald erweisen sollte, noch trefflicher geführt. Wiederum war es ein lübischer Bürgermeister, Brun Warendorp mit Namen, der sie befehligte. Bereits am 8. Mai wurde Kopenhagen genommen, wo man den Hafen durch Versenken von Schiffen sperrte. Weiter ging es nach Schonen, nach Moen, Falster und Laaland; überall mähten die Hansen mit der Sichel des Sieges. Ein Teil der Schiffe segelte gen Norwegen, das zu Dänemark hielt. Die Küste nordwestlich von Kap Lindesnaes wurde gebrandschatzt, der königliche Hof zu Bergen ging in Flammen auf, worauf Norwegen um einen Waffenstillstand bat. König Waldemar, der sich in seinem eigenen Lande nicht mehr sicher fühlte, war bereits nach Ausbruch des Krieges nach Deutschland entwichen, um in Pommern und Brandenburg, schließlich sogar am kaiserlichen Hofe zu Prag Hilfe zu erflehen. Er verlor dadurch aber nicht nur an Zeit, sondern auch an Ansehen und sah sich letzten Endes gezwungen, zu Stralsund einen ihn demütigenden Frieden einzugehen (1370). In diesem Frieden wurde bestimmt, daß die hansischen Städte vollen Schadenersatz für alle erlittenen Verluste erhalten sollten, wobei die Ansprüche durch Verpfändung der Einkünfte aus den schonenschen Schlössern und den Vogteien Helsingborg, Malmö, Skanoer und Falsterbode sowie Warberg auf Halland auf die Dauer von fünfzehn Jahren sichergestellt wurden. Von ausschlaggebender Bedeutung war aber die Bestimmung, daß in Zukunft jeder Beherrscher Dänemarks die Vorrechte der Hansen bestätigen müsse, ja daß sich sogar niemand die dänische Krone aufs Haupt setzen dürfe, der der Hanse nicht genehm sei. Damit war dem Städtebund nicht nur seine Handelsherrschaft über den skandinavischen und baltischen Norden, sondern auch seine politische Machtstellung in einer Weise verbürgt, die beredter als alles andere Zeugnis dafür ablegt, wie fest die Faust der Hansen zugepackt hatte, als sie über See griff. Aus dem Städtebund war eine Großmacht geworden, deren Stimme in den Ländern vom Finnischen Meerbusen bis zum Englischen Kanal nicht mehr überhört werden konnte. Der Ruf solcher Taten, von Bürgersleuten ohne fürstliche Hilfe ausgeführt, erfüllte ganz Europa. Dabei blieben die, die das kriegerische Werk mit Geschick und Zähigkeit geleistet hatten, durchaus bescheiden und zurückhaltend. Man vermeldete zwar seine Waffenerfolge den Städten bis nach

Thüringen, nach Schlesien und in die Lausitz hinein, befleißigte sich aber einer edlen und vornehmen Sprache: „Gott ist Zeuge, daß wir für unsere, unserer Bürger und aller Kaufleute Gerechtigkeit notgedrungen kämpften!" Wieviel Städte an dem Kampfe teilgenommen haben, wissen wir nicht, wie es überhaupt nicht bekannt ist, welches die Höchstzahl der jemals am Hansebund beteiligten Städte war. Einer nicht nachprüfbaren Überlieferung zufolge sollen sich 77 Städte an der Niederwerfung König Waldemars beteiligt haben. Doch scheint die Zahl übertrieben. Als der dänische König die Fehdebriefe empfing, hat er, einer alten Reimchronik zufolge, mit folgendem derben Spottgedicht geantwortet:

> Seven und seventig Hensen
> Sind seven und seventig Gensen.
> Wenn my de Gensen man nich biten,
> Na de Hensen frag ik nich en Schiten.

Nun, es ist anders gekommen: die Gänse bewiesen, daß sie weit zu fliegen und mit scharfen Schnäbeln zuzupacken vermochten. Angst hatten sie beileibe nicht, die regte sich vielmehr auf der anderen Seite. Die Hansen waren damals schon, wie man es später nannte, „harte Seevögel". Hätte Waldemar das Ergebnis des Kampfes vorausgesehen, er wäre mit seiner Reimkunst auf anderen Wegen gewandelt. Seltsam bleibt trotz allem, daß im Rauschen der Geschichte auch diese Taten so gut wie verklungen sind. Kaum einer kennt sie; schon gar nicht davon zu reden, daß der Stolz über den Erfolg in allen beteiligten deutschen Städten bis heute lebendig wäre. Friedrich Wilhelm Barthold gibt uns in seiner „Geschichte der deutschen Seemacht" die Erklärung. Es heißt dort (im Auszuge): „Wie den folgereichsten Waffenereignissen der Deutschen im 14. Jahrhundert überhaupt das ›chevalereske Gepräge‹ fehlt, jener Farbenglanz, welchen die Chronik eines Jean Froissart über die Taten der Franzosen, Engländer und Spanier verbreitet, so erging es auch den hansischen Taten zur See. So nachhaltige Folgen an dieselben sich reihten, fanden jene Anstrengungen einer nüchternen, hausbackenen Kaufmannswelt doch keinen Froissart. Ein Brun Warendorp, Bürgermeister, Anführer der ›Vlotte‹ und Hauptmann, daheim Kaufherr mit Tuch, Salz und übelriechender Fischware, so stolz er auch sonst in langer Marderschaube prangte, blieb doch — war er gleich, von Jugend an mit dem Seewesen vertraut, ein tapferer und unerschrockener Befehlshaber seiner Koggen — ärmlich und unscheinbar im Vergleich mit dem Admiral Ranieri de Grimaldi und mit Boccanegra, dem Grafen von Salisbury und Pembroke.

Kein Chronikant weiß es, daß Brun Warendorp, an der Spitze von 1600 Lübeckern in der großen Fehde gefallen, im Tode von seinen Mitbürgern hohe Ehren erfuhr, stünden nicht im Chor von St. Marien über seiner Gruft Bildnis, Schild und Helm. Jene vollwüchsigen Mannesnaturen — im Wechsel der Tage kluge Kaufleute, umsichtige Bürgermeister, rechtskundige Richter, einsichtsvolle Staatsmänner, Diplomaten, Schreiber, Schiffsführer, Admirale und Stadtwehrobersten — wußten aber auch mit Geschick die Lanze zu brechen, und in der weiten Vorhalle ihrer Häuser hingen Helm und Schild über Heringstonnen und Warenballen."

Wenn man geneigt sein sollte, die militärischen Ereignisse der beiden Seekriege der Hansen gegen König Waldemar um dessentwillen gering einzuschätzen, weil das Aufgebot an Schiffen nicht gerade gewaltig war, so darf dem doch entgegengehalten werden, daß man sich von Vergleichszahlen aus anderen Kämpfen jener Zeit nicht täuschen lassen darf. Das Wichtige und Erhebende ist, daß die Städte, die civitates maritimae hansae teutonicae, wie man sich selbst gelegentlich im feierlichen Amtsstil nannte, mit ihren Machtäußerungen nicht an der Küste klebten, sondern die Entscheidung bewußt über See, in Dänemark und in Norwegen, suchten. Hören wir auch hierzu Barthold in seiner uns heute schon altertümlich anmutenden Sprache (seine Ausführungen sind 1850 erschienen): „Auch schon die Schiffszahl der hansischen Flotte lehrt, daß es mit unseren Seekriegen eine andere Bewandtnis als bei den westlichen Völkern gehabt haben müsse und mit ersteren der Fortschritt war. Während das Schiffsaufgebot, das 77 Städte, vom Zirikfee bis an die Narwa, um die Zeit der Frühlingsstürme weit in hohe See schickten, vielleicht nur 40 große Koggen und ebensoviel Sniggen und Schuten betrug, sehen wir Franzosen und Engländer mit vielen Hunderten, ja tausend gegeneinander fechten, immer in seichten Buchten, der Küste nahe, zum Zeichen, daß ihre Fahrzeuge, größtenteils offene Barken, nur zum Kampfe Bord an Bord, zu Landtreffen auf dem Wasser bestimmt waren." Es spricht nichts dagegen, daß wir uns diese Ansicht zu eigen machen. Demgemäß beweist die Geschichte der Hansen bereits in ihren Anfängen, daß die Kunst der Seefahrt vom deutschen Manne nicht vergessen war. Es ist der Kampf um den Seehandel gewesen, um die Macht, ihn ungestört auszuüben, und nichts anderes, in dem Dänemarks König schwer unterlag. Die Hansen selbst taten es deutlichst dar, indem sie sich ein Siegel mit der Umschrift Signum civitatum maritimarum schneiden ließen, kaum daß der Krieg gewonnen war.

Die Vitalienbrüder

Der Zusammenbruch Dänemarks nach dem Siege der Hansen über König Waldemar hatte eine unerwartete Folge: der dänische Adel, zum Teil sehr erheblich in seinen Einkünften geschmälert, warf sich auf die See, um sich am Kaufmannsgut schadlos zu halten, und es gebrach nicht an Schnapphähnen an den Küsten ringsum, die dem Vorgehen alsbald folgten. Die Zeit der Vitalienbrüder begann, die eine schwere Notzeit für das Ostseebecken, ja selbst für die Westsee werden sollte, die heute leider, wie wir schon wissen, Nordsee genannt wird. Der im großen Stile organisierte Seeraub, der allenthalben anhub, sei keineswegs beschönigt oder entschuldigt. Immerhin darf man ihn nicht mit dem Sittlichkeitsmaß von heute messen und auf die Anschauungswaage unserer Tage legen. Die Zeiten waren rauher und härter, vielleicht jedoch nur äußerlich. Denn der Kampf ums Dasein hat noch zu allen Zeiten Gurgeln abgedreht und Mein und Dein nicht in Gralsschalen gehütet. Auf alle Fälle ergibt sich für unsere Betrachtung, daß das Wirken der Vitalienbrüder ein hohes Maß von seemännischer Tüchtigkeit verriet und einen starken Drang, sich auf dem Wasser zu betätigen. In den zahlreichen Edelleuten, den Berneburs, Beydenstorps, Ketelhoydts, Manduvels, Rantzaus und van der Lühes brauste der alte Wikingergeist, der Geist trotzig-kühnen Wagens, der das Leben gering anschlägt und im Kampf mit den Gewalten der Natur und des Schicksals höchsten Lebensgenuß erblickt.

Über die Herkunft des Namens „Vitalier" oder „Vitalienbrüder" hat bis vor kurzem noch eine irrtümliche Vorstellung geherrscht. Es trifft nicht zu, daß ihnen ursprünglich nur die Aufgabe anvertraut worden sei, das von den Dänen belagerte Stockholm mit Lebensmitteln, mit Viktualien, zu versorgen, und daß sich hieraus der Name herleite. Der Name stammt vielmehr aus dem Französischen, ja er findet sich auch im Englischen, und zwar längst vor der Zeit der Vitalienbrüder. Die Heere des Mittelalters beschafften sich ihren Lebensunterhalt stets durch gewaltsame Beitreibung. Die Leute, die sich hiermit befaßten, führten die Bezeichnung Vitailleurs. Der Bauersmann oder Bürger erblickte in ihnen begreiflicherweise nichts Besseres als Räuber. Die allgemein übliche Übertragung des Namens auf das Seeräuberhandwerk — auch hierfür finden sich ältere Spuren — ist demnach nicht einmal weit hergeholt. Die echt deutsche Bezeichnung Likendeeler, die sich ebenfalls für die Vitalienbrüder einbürgerte, ist erst später entstanden. Sie besagt, daß man sich, alter Gewohnheit gemäß, stets zu gleichen Teilen in gemachte Beute teilen wollte.

Das Seeräuberunwesen nahm ausgangs des 14. Jahrhunderts in der Ostsee derart zu, daß sich die Hansen schließlich genötigt sahen, mit Waffengewalt dagegen vorzugehen. Es kam zu einem förmlichen Krieg, der aber insofern nicht leicht zu führen war, als eine verworrene politische Lage zunächst kein einheitliches Vorgehen gegen die Störenfriede aufkommen ließ. Als Nachfolgerin König Waldemars IV. saß auf dem dänischen Thron seine Tochter Margarethe, eine tüchtige Herrscherin, in der Geschichte berühmt geworden als Stifterin der kalmarischen Union. Ihr glückte es noch einmal, Dänemark, Norwegen und Schweden als ein einheitliches Herrschaftsgebiet zu vereinigen. Margarethe war den Hansen an sich wohlgesonnen. Als jedoch die Königin zur Belagerung Stockholms schritt, nachdem König Albrecht von Schweden bei Aasle in ihre Gefangenschaft geraten war, da erhob sich Mecklenburg zugunsten König Albrechts, der der Sohn seines Herzogs war. Fürsten, Ritterschaft und Städte beschlossen ein Bündnis gegen Dänemarks Königin, und die Städte Wismar und Rostock erließen eine Kundgebung, die allen denen, deren Sinn nach Seefahrt und Seeraub stand, als lockende Weise im Ohr klang. Wer gegen Dänemark, Norwegen und das an Königin Margarethe abgefallene Schweden, so hieß es in der Kundgebung, auf eigene Kosten und Gefahren abenteuern, zugleich aber das hungernde Stockholm mit Lebensmitteln versorgen wolle, der möge sich zum Empfang von Stehlbriefen (Kaperbriefen) bewaffnet in Rostock und Wismar einstellen, allwo ihm freie Aus- und Einfahrt, Bergungs- und Verkaufsstätten des Raubes gesichert blieben. Wenn der lübische Chronist Detmar berichtet, ein „steuerloses" Volk von Hofleuten, Bürgern aus vielen Städten, von Amtsleuten und Bauern sei daraufhin zusammengeströmt, so wird diese Angabe insofern schon ihre Richtigkeit haben, als sich so mancher Abenteurer und Beutelustige unter den sich Sammelnden angefunden haben mag. Immerhin darf man nicht vergessen, wie oben bereits erwähnt, daß zu jener Zeit die Auffassungen über Fehde und Kriegshandwerk, vor allem aber auch über „fahrendes Gut" erheblich anders waren wie heutzutage, und daß es in der ganzen Welt als üblich

Aufbringen einer Stralsunder Kogge

galt, sich für kriegerische Unternehmungen derbe Fäuste und scharfe Schwerter auf dem Werbewege zu sichern. Zunächst war es der mecklenburgische Adel, der die Führung der Sache der Vitalienbrüder übernahm, und zwar in ausgesprochen politischem Sinne. Es stellte sich jedoch bald heraus, daß der Kampf gegen Dänemark nicht ganz sauber blieb; insofern nicht, als einzelne Teile der mecklenburgischen Orlogflotte, die 1391 Bornholm und Gotland eroberte und nach Stockholm Verstärkungen brachte, preußische und wendische Kauffahrer nicht ungeschoren ließen, obwohl solches von den Schutzherren der Flotte ausdrücklich verboten worden war. Rostock und Wismar und die Mecklenburger Herren warnten daraufhin die Mitglieder der Hanse vor jeder Unterstützung Dänemarks, da man anders für Feindseligkeiten von seiten der Vitalienbrüder nicht aufkommen könne. Sie hatten damit aber keinen Erfolg. Der hansische Seehandel fühlte sich mit Recht durch die zunehmende Unsicherheit auf der See bedroht und schritt daher zu Gegenmaßregeln. In erster Linie war es Stralsund, das sich rücksichtslos seiner Haut wehrte. Als eine große Stralsunder Kogge von den Vitalienbrüdern auf offener See aufgebracht werden sollte, kam es zu hartem Kampf. Die Angreifer unterlagen, viele von ihnen — in den Chroniken spricht man von hundert — wurden gefangengenommen. Und nun geschah etwas, das außerordentlich kennzeichnend für den wenig sanftmütigen Geist jener Zeit ist: um allen Möglichkeiten vorzubeugen, daß die Gefangenen an Bord etwa aufbegehren könnten, steckte man sie in leere Fässer, so zwar, daß nur Kopf und Hals hervorschauten. In Stralsund machte man dann kurzen Prozeß, Mann für Mann wurden die Vitalienbrüder aus den Fässern herausgeholt und geköpft. Rostock und Wismar brausten daraufhin auf. Sie betonten mit Nachdruck, daß sie in einem rechtmäßigen Kaperkrieg mit Dänemark lägen, und daß sich unter den Hingerichteten viele brave Leute befunden hätten, die dem Kaufmann keinen Schaden zufügten. Die Gegensätze zwischen Wismar und Rostock und den übrigen Hansestädten verschärften sich derart, daß an den Grundfesten des Hansebundes gerüttelt wurde. Unschwer läßt sich hieraus erkennen, daß es völlig verfehlt ist, die Vitalienbrüder jener Zeit immer nur als Seeräuber, als einen Auswurf der Menschheit hinzustellen. Sie waren mitunter Parteigänger, nichts anderes, und haben den Krieg gegen Dänemark mit Ernst und Nachdruck geführt. Als Hauptmann wird an erster Stelle Markward Preen aus dem Geschlecht der Preen auf Davermoor genannt. Ihm glückte ein besonderer Streich, indem er in der Nähe von Stockholm den Bischof Tordo von Strängnäs gefangennahm, was ihm ein schweres Lösegeld einbrachte. Neben Preen standen Bosse von Kaland aus einem alten, inzwischen ausgestorbenen Geschlecht, der Ritter Arnd Stuck und die Herren Heinrich Lüchow, Henning Manteuffel und auch ein Moltke. Die Mehrzahl dieser adligen Führer trat in dem Augenblick von dem Schauplatz ihrer Tätigkeit zurück, als durch die Befreiung Herzog Albrechts von Mecklenburg aus den Händen der dänischen Königin und durch die Übernahme Stockholms in den Pfandbesitz der Hanse der eigentliche Kriegsgrund für sie entfallen war. Auch hieraus ergibt sich sonnenklar, daß das Vorgehen der Mecklenburger als eine rechtmäßige Ausübung des Kaperkrieges angesprochen werden konnte, und daß sich zumindest die höheren Führer der Vitalienbrüder in den Dienst einer politischen Sache gestellt hatten.

Aus dem ersten Abschnitt der sogenannten Seeräuberkämpfe in der Ostsee sind uns Fahrten und Taten überliefert worden, die seekriegsgeschichtlich, aber auch als rein seemännische Leistungen durchaus Beachtung verdienen. Um Ostern 1393 segelte eine Flotte der Vitalienbrüder bis Bergen hinauf, nahm die Stadt nach schwerstem Kampf mit stürmender Hand und ließ das Land um Bergen dem König Albrecht huldigen. Die Flotte wurde von zwei mecklenburgischen Herzögen befehligt. Im Jahre 1394 wurde Malmö besetzt. Außerdem gelang es ein zweites Mal, Stockholm mit Lebensmitteln zu versehen. Der Hochmeister des Ordens der Brüder vom Deutschen Hause und mit ihm das

Preußenland machten aus ihrer Geneigtheit für die mecklenburgische Sache kein Hehl. So kam es zuwege, daß die Vitalier schließlich von Wisby aus, das in der damaligen Zeit einer der stärksten Seeplätze war, die ganze Ostsee, bis hinauf nach Livland und Estland, beherrschten. Die Hansen sahen sich genötigt, anzuordnen, es dürften nie weniger als zehn ihrer Handelsschiffe gemeinsam durch den Sund segeln. Ja, man richtete diese Geleitordnung derart streng ein, daß man im Übertretungsfalle eine Lösch- und Ladesperre für den einzelnen auf die Dauer von fünf Jahren festsetzte. Lübecks überseeischer Verkehr lag trotzdem so gut wie ganz darnieder. Der große Heringsfangplatz auf Schonen, dem die Hansen einen großen Teil ihres Reichtums verdankten, war drei Jahre lang verlassen. Die Klagen der hansischen Kaufleute nahmen überhaupt kein Ende mehr. Als man erneut bei Rostock und Wismar vorstellig wurde, da mußten die beiden Städte eingestehen, daß sie nicht mehr Herr über die von ihnen angeworbenen Söldner seien. Inzwischen hatte nämlich die Unsicherheit auf dem Wasser derart zugenommen, daß selbst das Geleitzugwesen versagte. Nunmehr beschloß man auf einem Hansetage, in gemeinsamer Front gegen die Vitalienbrüder vorzugehen. Lübeck stellte zwanzig große und kleine Koggen, die preußischen Städte fanden sich mit zehn Koggen ein, Stralsund ebenfalls mit zehn, ja sogar die rheinischen Städte sagten ihre Waffenhilfe zu. Als es im Jahre 1395 zu einem fünfjährigen Waffenstillstand mit Dänemark kam, um dessen Gelingen sich in erster Linie der Hochmeister des Deutschen Ordens, Herr Konrad von Jungingen, Verdienste erworben hatte, verloren die Vitalienbrüder jeden Schutz und Schein der Gesetzlichkeit. Ans Kriegshandwerk gewöhnt, wollten jedoch viele von ihnen vom freien Leben auf freier See nicht lassen. Gegen sie hub nun ein scharfes Kesseltreiben an. Jede Rücksichtnahme entfiel, Auge um Auge, Blut um Blut wurde gekämpft. Die schweren Koggen der Städte rammten, wo sie nur konnten. Sinkende Fahrzeuge der Likendeeler überließ man ihrem Schicksal. So kamen Hunderte von den Vitalienbrüdern ums Leben. Besonders grausam für heutige Begriffe ging man gegen Gefangene vor. Man ertränkte oder enthauptete sie oder sperrte sie ein bei Wasser und Brot, bis sie vor Erschöpfung starben. Es wurde ein harter und erbitterter Kampf. Die Likendeeler wehrten sich ihrer Haut und verfuhren begreiflicherweise keineswegs zarter als ihre Angreifer. Ja, sie gingen sogar zum Angriff über und versuchten unter Führung eines Moltke, Stralsund zu berennen. Der Streich mißglückte, man nahm die wagemutige Schar fest, ohne Ausnahme fiel Kopf nach Kopf unter dem Beil des Henkers.

Wisby auf Gotland blieb der letzte Zufluchtsort der Vitalienbrüder. Hier hielten sie sich am längsten, worunter der preußische Handel schwer zu leiden hatte. Da war es abermals der Hochmeister Konrad von Jungingen, der mit fester, aber auch geschickter Hand durchgriff. Das Ordenskapitel und die preußischen Städte rüsteten insgesamt 84 Schiffe mit einer Besatzungsstärke von 4000 Mann aus. Das Ordensheer nahm Wisby im Sturm und brannte auf Gotland alle festen Plätze nieder, wo Vitalienbrüder hausten. Der Hochmeister vergaß aber auch seinen Vorteil nicht. Er erklärte Gotland als Ordensgebiet und ließ in Wisby eine starke Besatzung von Ordensrittern zurück. Dieser Schlag hatte die Macht der Vitalienbrüder zertrümmert. Eine neue Sammlung ihrer Kräfte gelang nicht mehr. Der lübische Chronist Hermann Kroner läßt Reste von ihnen auf seltsamen Irrfahrten die „kaspischen Berge" sehen, worunter möglicherweise das Kaspische Meer zu verstehen wäre, das die Vitalienbrüder dann von der Newa aus über die Wolgafahrt erreicht hätten. Die Angabe, daß sich 400 Likendeeler nach Rußland gewandt

Eroberung von Wisby

haben, hat durchaus nichts Unwahrscheinliches an sich. Wenn jedoch der Chronist berichtet, sie seien bei den „kaspischen Bergen" auf völlig behaarte, wie wilde Tiere umherschweifende Menschen getroffen, so gerät er offenbar ins Fabulieren. Ob die Behauptung größeren Glauben verdient, die Versprengten seien dort unten einem Westfalen begegnet, der ihnen nach dem Stand der Sonne die Richtung gewiesen habe, in der Deutschland läge, so daß sie nach langen Irrfahrten ihr Vaterland wieder erreicht hätten, bleibe dahingestellt. Vielleicht klingt hier die Erinnerung an die Fahrt der Franken im 3. Jahrhundert n. Chr. durch? Auf festeren geschichtlichen Boden treten wir jedenfalls, wenn wir die Schicksale jener Likendeeler verfolgen, die sich nach der Westsee wandten, als es ihnen in der Ostsee zu heiß wurde. Wenn wir erfahren, daß die Herren der deutschen Westseeküste, die Grafen von Oldenburg und die friesischen Häuptlinge, die Trümmer der Vitalienbrüder mit offenen Armen bei sich aufnahmen, so dürfen wir hieraus schließen, daß einerseits noch allerhand Achtung bei den Flüchtlingen weilte, zum anderen aber auch, daß es in der Westsee Raum für Kampf und Fehde gab. Und dem war in der Tat so. In Friesland standen sich zwei Parteien gegenüber, die eine im Rüstringerland, geführt von Ede Winneken, die andere im Auricher- und Brokmerland, der Familie ten Broke gefolgstreu. Die unaufhörlichen Reibereien der Parteien untereinander kosteten den führenden Familien viel Geld. So war man es nur zufrieden, daß die Likendeeler von Emden, Marienhafen und Aurichhafen aus ihr Wegelagererhandwerk fortsetzten und damit sowohl die Kassen der Winnekens als auch die der ten Brokes füllten. Es begann, wenn man so sagen darf, eine neue Blütezeit der Likendeeler. Sie machten die ganze Westsee unsicher, kaperten auf Weser und Elbe nicht minder als vor der flandrischen Küste und waren durchaus nicht wählerisch betreffs Ladung und Flagge: alles, was ihnen vor den Bug lief, war ihnen zur Kaperung willkommen! Als die Likendeeler im Jahre 1398 bis in die Hoofden vorstießen und dort mit einem Schlage vierzehn vollbeladene Spanien- und Frankreichfahrer aufbrachten, außerdem noch einen Danziger Bergenfahrer und einen Englandfahrer, da war das Maß aber voll! Vom Kontor zu Brügge liefen bewegliche Klagen beim Hansetag in Lübeck ein. Die Likendeeler spotteten, sie seien „Gottes Freunde und aller Welt Feinde". England drohte, es werde die Hansen haftbar machen, wenn man die Sicherheit auf See nicht wiederherstelle. Zunächst waren es nur die Städte Hamburg und Bremen, die sich zu Taten aufrafften. Lübeck und Preußen folgten erst im Jahre 1400. Nun war es aber auch die höchste Zeit, daß man schonungslos durchgriff. Die Lust an dem gewinnbringenden Seeraub hatte immer weitere Kreise geschlagen. Selbst der Herzog von Vorpommern fand Geschmack an dem Leben. Er rüstete nicht weniger als acht Schiffe aus, segelte durch den Sund und plünderte die Kauffahrer, wo er sie nur fand. Das Schicksal gönnte ihm jedoch keinen langen Erfolg. Die Hanse war nur zu bald hinter ihm her und schlug ihn aufs Haupt. Mit elf Koggen und tausend Mann ging es dann weiter zur Befriedung der Westsee. In der Osterems kam es zum Kampf mit den Likendeelern. Bürgerliche Kraft erfocht einen vollen Sieg. Die hansischen Führer waren die Ratsherren Johann Krispin aus Lübeck und Albert Schreie aus Hamburg. Trotzdem galt es noch einmal hart zuzupacken, ehe das schlimmste Feuer der Seeräuberkämpfe erlosch. Noch lebten der gewalttätige und bis auf den heutigen Tag im Volksmund bekannte Nikolaus Störtebecker und seine verwegenen Kumpane Gödecke Michels, Wichmann und Wigbold, die sich unter den Likendeelern des größten Ansehens erfreuten; insonderheit Klaus Störtebecker und Gödecke Michels, wahrscheinlich geborene Wismarer. Ob sie von Anbeginn ab zu den Vitalienbrüdern gehört haben, steht nicht fest. Ihr Emporkommen und der Ruf, den gerade sie um 1400 genossen, darf jedoch ebenfalls als ein Beweis dafür angesehen werden, daß sich die Bewegung der Vitalienbrüder im Laufe der Jahre stark gewandelt hatte und daß es ein Unrecht wäre, spätere Schuld den ersten Führern aufzuhalsen. Störtebecker und seine Genossen hatten sich nach dem Tage auf der Osterems in norwegische Schlupfwinkel zurückgezogen. Als die Deutsche Bucht der Westsee wieder lockte, stützten sie sich auf Helgoland. Diesmal fackelten aber die Hamburger nicht lange. Man rüstete eine Flotte von Englandfahrern wehrhaft aus und schickte sie gegen die neue Plage in See. Führer waren die Ratsherren Nikolaus Schocke und Hermann Lange. Klaus Störtebeckers große Holk wurde bei Helgoland überrascht. 40 Likendeeler fielen im Kampf, 70, darunter Störtebecker und Wigbold, der ein „Magister der sieben Künste", also ein studierter Mann war, wurden als Gefangene nach Hamburg eingebracht, um alsbald zum „abschreckenden Beispiel an der Elbe" hingerichtet zu werden. Noch im gleichen Jahre (1401) ereilte Gödecke Michels und Wichmann ihr Schicksal. Ihre Schiffe stellte man auf der Weser und Jade. An Wagemut hatte es also den Schnapphähnen noch immer nicht gefehlt. Die Hamburger wurden auch bei dieser Fahrt von Nikolaus Schocke angeführt. Doch ist bekannt, daß

Störtebecker läuft auf der Ems aus

Simon von Utrecht, der später berühmt gewordene Bürgermeister, an dieser, vielleicht auch schon an der ersten Unternehmung, mit seinem Schiff „Bunte Kuh" teilgenommen hat. Im ganzen wurden 150 Likendeeler hingerichtet. Über Störtebeckers Reichtum hat die Sage viel zu berichten gewußt. Aus seiner auf vielen Raubzügen eingebrachten Beute an Bier, Heringen und Tuchen machte sie einen wahren Goldhort. Für seine Loslassung soll er dem Hamburger Senat eine große Kette angeboten haben, die den Dom, wenn nicht gar ganz Hamburg umfaßte. Offenbar war er aus besonderem Holze geschnitzt, wie das Volk es liebt, stark wie ein Riese, so daß er eiserne Ketten mit den Händen zerriß, klug, umsichtig, angefüllt mit derben Scherzen und einem tiefen Trunk nicht abhold. In seiner Kajüte fand man einen großen silbernen Humpen, der bis zum Brande Hamburgs von 1842 Eigentum der Schiffergesellschaft war. Diesen Humpen soll außer Klaus Störtebecker nur ein Junker von Gröningen auf einen Zug haben leeren können. Demgemäß trug er die nachstehende Inschrift:

> „Ik Jonker Sissinga
> Van Groninga
> Drong dees heusa (Gefäß)
> In een Eleusa (in einem Zug)
> Door myn kraga (Kragen)
> In myn maga (Magen).

Selbst nach Störtebeckers Ende flackerte das Feuer des Seeräuberunwesens noch so maches Jahr über der Westsee. Es war schon um dessentwillen schwer zu löschen, weil die verwegenen Gesellen, ein „vermaledeytes, heilloses Volk, wahre Teufelskinder", immer wieder Parteigängerdienste suchten und auch fanden. Später nannten sie sich „freie Kriegsgesellen". Friesland bot ihnen nach wie vor die besten Schlupfwinkel. Sie traten im Jahre 1417 wieder in der Ostsee auf, diesmal sogar von den Hansen gerufen. Sie eroberten im Kampfe gegen Dänemark Fehmarn und zerstörten das immer wieder heimgesuchte Bergen. In diesen Kämpfen erwarben sich die „freien Kriegsgesellen" sogar Kriegsruhm. Die Namen ihrer Führer Bartel Voet, Heine van Schouven, Hans Klockner und Swens waren in aller Munde. Der Friede mit Dänemark setzte den Zügen der „Kriegsgesellen" in der Ostsee endgültig ein Ende. In Friesland waren es schließlich die bessergesinnten Teile des Adels, die im Verein mit Hamburg, Bremen und Oldenburg die Raubnester ausräucherten und im Jahre 1434 die Sicherheit auf See wiederherstellten. Bei diesen Kämpfen hat sich Simon von Utrecht, der Hamburger, recht eigentlich seinen Namen gemacht, indem er den friesischen Häuptling Sibeth Papinga in der Schlacht bei Bargerbur besiegte. Friesland gedieh von nun an unter der Herrschaft Edzard Cirksenas und seiner Nachfolger als ein befriedetes Land.

Ein hansisch-englischer Seekrieg

Das Verhältnis der Hanse zu England ist überraschend lange gut gewesen. Seine ersten ernstlichen Trübungen erfuhr es nicht in der Westsee, sondern im äußersten Ostseewinkel, in Danzig, wohin es die Engländer immer wieder aus verschiedenen Gründen zog. Man wird sich diese Tatsache gerade in unseren Tagen vor Augen halten müssen, um zu erkennen, daß die britische Politik, als sie sich der Danziger Frage bei den Friedensverhandlungen von Versailles nicht widersetzte, auf durchaus bekannten, früher viel beschrittenen Wegen bewegte. Seit der Mitte des 14. Jahrhunderts nahm der Verkehr zwischen England und Danzig lebhaft zu. Die Engländer holten sich Holz und Korn aus dem Preußenlande und für die Anfertigung von Armbrüsten Eibenholz, das aus dem Salzkammergut und dem Karpathenlande stammte. Es fanden aber auch Gastreisen von Prinzen und Rittern zum Deutschen Orden statt, in dessen Diensten man sich im Kampfe gegen die Litauer mit Vorliebe seine Sporen verdiente. Zwischen der Stadt Danzig und dem Deutschen Orden gab es um der englischen Gäste willen so manche Mißstimmung. Die Bürger waren hart gegen die Fremden und verwehrten ihnen alle angestrebten Vorrechte, während der Orden aus Freundschaft zum englischen Königshause und zum englischen Rittertum dazu neigte, die Engländer zu begünstigen. Insbesondere wurde das Vordringen der englischen Tuchhändler von der Hanse mit scheelen Augen angesehen. In den Jahren 1388 und 1404 kam es in Danzig mit den Briten zu heftigen Zusammenstößen, die sich noch verstärkten, als 1418 ein Danziger Handelsschiff von einem englischen Regierungsfahrzeug aufgebracht wurde. Allgemach versteifte sich aber auch der Widerstand der gesamten Hanse, soweit sie am Englandhandel beteiligt war. Man erkannte, daß sich in der Gesellschaft der „Merchant Adventurers", der „Wagenden Kaufleute", eine Kraft zusammenballte, die gefährlich werden konnte, indem sie nicht nur in den hansischen Handel an Deutschlands Küste eingriff, sondern mehr noch, weil sie die Niederlassung der Hansen auf englischem Grund und Boden zu sprengen suchte. Für unsere Betrachtung ist es von Wichtigkeit, festzuhalten, daß sich deutscher überseeischer Unternehmergeist in England in einer Weise festgesetzt hatte, die von Selbstherrlichkeit nicht weit entfernt war, während das Umgekehrte, das Fußfassen in deutschen Städten unter Wahrung eigener Rechte, den britischen Kaufleuten nicht entfernt im gleichen Maße glücken wollte. Danzig hat hier vorbildlich gekämpft, größten Bürgerstolz verraten und es zu guterletzt auch immer vermocht, den Orden den Handelswünschen der Stadt gefügig zu machen.

Danziger Handelsschiff vorm Wind im Englischen Kanal
unter dem Kreidefelsen von Dover

Der Hauptstützpunkt der Hansen in England war London. Daneben gab es aber Niederlassungen in zahlreichen anderen Städten. London war der führende Handelsplatz für englische Tuche. Auf dieses Geschäft einen maßgeblichen Einfluß auszuüben, war das ausgesprochene Bestreben der deutschen Kaufleute in der Gildehalle. Gemeinhin wurden sie, als aus dem Osten stammend, die „Osterlinge" genannt; ein Wort, das noch heute im Pfund „Sterling" fortlebt. Die Wohn- und Stapelplätze der Hansen an der Themse gewannen im Laufe der Jahre gewaltig an Ausdehnung. Auf die Gesamtanlage, die sich in einer Tiefe von 428 Fuß nach London hinein erstreckte, wurde die Bezeichnung „Stalhof" übertragen, d. h. Hof zum „stalen" (Prüfen) des Tuches. Die Abhängigkeit der englischen Krone vom hansischen Geld war stark. Ein Zusammenbruch italienischer Banken im 14. Jahrhundert hatte diesen

Zustand eingeleitet. Vorübergehend hatte man den Hansen sämtliche Zolleinnahmen des Reiches überweisen müssen, so daß ihre Geldmachtstellung ohnegleichen war. An den Toren des Stalhofs standen in lateinischen Versen zwei überaus kennzeichnende Sprüche. Der eine lautete:

„Fröhlich ist dieses Haus und stets mit Gutem erfüllet,
„Hier ist Friede und Ruh, hier immer ehrbare Freude."

Und der andere:

„Gold ist der Vater des Glücks, der Sprößling von Mühen,
„Es zu entbehren ist hart, es zu besitzen bringt Frucht."

Aus mehr als 60 deutschen Städten setzte sich die Kaufmannschaft des Stalhofs zusammen, und ein jeder lebte getreu dem Eide, den er bei der Aufnahme hatte schwören müssen: „Der Deutschen Rechte helfen zu hüten nach seiner fünf Sinne Vermögen, kein Gut nach deutschem Rechte zu entfreien, das nicht in die Hanse gehöre, alles zu meiden, was er als gegen das Recht verstoßend erfahre, und dem Rechte gehorsam zu sein." Es fehlte selbstverständlich in England nicht an Bemühungen, sich der Führung der deutschen Männer im Stalhof zu entziehen. Für lange Zeit sollten diese Bemühungen jedoch vergeblich bleiben. Selbst ein groß angelegter Versuch glückte nicht. Er führte nur zur vorübergehenden Schließung des Stalhofs und beschwor einen hansisch-englischen Seekrieg herauf. Letzthin triumphierte aber auch hier die deutsche Sache.

Es war im Jahre 1448, als eine englische Gesandtschaft in den Hansestädten erschien, um günstigere Verträge, vor allem im städtischen Fremdenrecht, zu erzielen. Sie blitzte gründlich ab. Ein Jahr später suchten sich die Briten auf dem Wasser schadlos zu halten. Ein englischer Pirat erhielt den Scheinbefehl, dem Seeräuberunwesen im Kanal entgegenzutreten. Er begriff, was man von ihm erwartete — nicht nur am englischen Hofe lebte Habgier — und brachte eine große Handelsflotte auf, die von dem bedeutendsten Salzhafen Europas, von Bourgneuf nahe der Loiremündung, hauptsächlich mit Salz beladen, heimkehrte. Die Flotte zählte insgesamt 110 Segel, von denen nicht weniger als 16 in Lübeck und 14 in Danzig beheimatet waren. Ein Teil der gewaltigen Beute wurde im königlichen Palast zu Westminster aufgestapelt. Die Hanse griff zunächst rein örtlich zu wirtschaftlichen Vergeltungsmaßnahmen, vom Leder zu ziehen vermochte sie damals noch nicht. Aber der Stachel haftete schmerzlich; um so mehr, als die Schiffahrt im Kanal dauernd bedroht blieb. In Lübeck hielt man unentwegt daran fest, der Friedensbruch Englands müsse gesühnt werden, bevor daran zu denken sei, einen regelmäßigen Verkehr der Engländer nach den hansischen Häfen wieder zuzulassen. Ja, man ging sogar so weit, englische Gesandte, die unter der Hand bei den preußischen Städten Stimmung für Englands Sache machen wollten, aufzugreifen und festzusetzen. Lübeck hatte damit insofern Erfolg, als die Männer im Stalhof wieder Luft bekamen. Zu einem geschlossenen Vorgehen der Hanse gegen England reichte es aber noch immer nicht hin, weil es an der nötigen Einigkeit gebrach. Lübeck ging nunmehr auf eigene Faust vor. Es sandte dem englischen König einen Fehdebrief und machte den Versuch, den Zugang zur Ostsee für den britischen Handel zu sperren. Der Erfolg blieb jedoch aus, die Beherrscherin der Travemündung schnitt sich tief ins eigene Fleisch, indem sie sich Händel mit Neutralen zuzog. Immerhin hatte Lübecks feste Haltung eines erreicht: man kam 1456 mit England zum Frieden, so daß die hansische Schiffahrt durch den Kanal wieder aufzublühen begann. Die Herren an der Trave warteten nunmehr geduldig zur Wiedervergeltung den günstigen Augenblick ab, wo sie die gesamte Macht der Hansen hinter sich sehen würden. Und dieser Augenblick kam, wenn auch erst zwölf Jahre später.

Im Herbst des Jahres 1467 ankerten englische Schiffe im tiefsten Frieden vor Island, erschlugen den dänischen Vogt, plünderten, raubten, sengten und füllten sich voll mit gestohlenem Gut. Dänemarks König vergaß der Rache nicht. Als im Jahre 1468 Schiffe aus London, Lynn, Boston und Newcastle auf der Fahrt nach Preußen den Oresund passierten, legte er bei Helsingör die Hand auf sie. Hierbei waren Danziger Schiffe, die in dänischem Solde standen, beteiligt. Alsbald behauptete man in England, die Hansen hätten den Verräter gespielt, ja noch mehr, auch Lübecker und Stralsunder hätten an der Beschlagnahme teilgenommen. Es half nichts, daß man von seiten der Hansen das Lügengewebe in London zerriß. Das englische Volk schrie nach Gewalt. Der Stalhof wurde versiegelt, seine Insassen wurden um 20000 Pfund Sterling als Schadenersatz für die Verluste der Engländer erleichtert und überdies noch ins Gefängnis geworfen. Ähnliche Vorgänge wiederholten sich in allen englischen Städten, wo deutsche Kaufleute ansässig waren. Im Augenblick war die Einigkeit unter den Hansen hergestellt. Alles scharte sich um das mächtige Lübeck, nur Köln am Rhein, immer schon stark englandfreundlich gesonnen, stellte den Nutzen aus seinem Handel über die Sache der Allgemeinheit. Zur Strafe wurde es „verhanst", d. h. aus der Hanse ausgeschlossen. Ein Bote des Kaisers, der ein „Fürschreiben" für die Hansen nach England brachte, wurde in den Straßen Londons blutig geschlagen. Nachdem somit der „Weg des Rechts" verschlossen war — es hatten noch allerhand Vermittlungsversuche geschwebt —, blieb nur der „Weg der Tat" offen. Vom Brügger Kontor gingen die ersten Rüstungen aus, denen bald andere folgen sollten. Daneben richtete man eine scharfe Handelssperre ein. Jegliche Einfuhr aus England wurde verboten, an alle Landesherren der Küstengebiete ging ein Ersuchen ab, sich am Ausschluß der englischen Waren aus dem Verkehr zu beteiligen. Auf See wurde mit wechselndem Erfolge erbittert gekämpft. Das lübische Kriegsgeschwader wurde von Lord Howard in den seeländischen Gewässern gänzlich aufgerieben. In Lübeck und Hamburg standen aber Staatsmänner am Ruder, die als feine Köpfe die Geschicke zu meistern verstanden, die Bürgermeister Hinrich Kastorp und Hinrich Murmester. Der englische Bürgerkrieg gab der Hanse die Möglichkeit, den Gegensatz der Mächtegruppen auszunutzen, die sich zur Roten und Weißen Rose bekannten. Englands vertriebener König setzte mit seinem Heer unter dem Geleit hansischer Schiffe von Burgund nach der Heimat über, um einen Siegeszug anzutreten, der ihn wieder auf den Thron führte. Den Dank blieb er jedoch schuldig. Die gewährleistete Hilfe bescherte den Hansen keinen Frieden. So galt es also weiterzukämpfen mit Pulver, Blei und Schwert, aber auch mit dem scharfen Druck der Seesperre, bis England gefügig wurde. Von den lübischen Schiffen zeichneten sich der „Marienbrachen" und der „Georgsbrachen" aus, von den hamburgischen die „Große Marie", der „Fliegende Geist" und vor allem der „Jesus" unter dem kühnen Schiffer Johann Pothorst, dem das Glück besonders hold war. Er allein brachte nicht weniger als sechs starke englische Schiffe auf, die sämtlich in die hamburgische Seemacht eingereiht wurden. Am meisten von sich reden machte aber in jener Zeit der Danziger Kapitän Paul Beneke, der den ehrenden Beinamen eines „harten Seevogels" nicht mit Unrecht getragen hat. Es ist hundert gegen eins zu wetten, daß Benekes Name, wäre er ein Engländer gewesen, in der ganzen Welt seinen Klang bis heute behauptet haben würde. In Deutschland haben hingegen nur drei wenig beachtete Chronisten über ihn berichtet: der Lübecker Reimar Kock, der aber nur eine einzige Heldentat des tüchtigen Mannes erwähnt, und dazu noch in reichlich kindlicher Weise; ein Danziger Bürger, der bessere Auskunft gibt, und schließlich der Danziger Ratsherr Berend Pawest, der Vorgänger Benekes in der Führung des „Peter von Danzig". Daß man Benekes selbst in seiner Heimatstadt vergessen hatte, ergibt sich daraus, daß es bis zur Auffindung der erwähnten Danziger Chronik und der Briefe von Pawest — man stöberte sie erst um die Mitte des vorigen Jahrhunderts auf — keinem Danziger bekannt war, woher das berühmte Gemälde des flandrischen Malers Hans Memling stammt, „Das jüngste Gericht", das den St. Georgs-Altar der Marienkirche schmückt: Paul Beneke hat das Bild als Kriegstrophäe auf einem genommenen englischen Schiffe erbeutet und seiner Heimatstadt übermacht!

Geburtsort und Geburtsland des Meisterkapitäns jener Zeit liegen im Dunkeln. Als der Danziger Schiffsführer Kurt Bokelmann, ebenfalls ein ganzer Kerl, im Oktober 1442 mit seinem Schiff von einer Kreuzfahrt gegen Seeräuber zurückkehrte, wollte es das Schicksal, daß er nächtens bei dickem Nebel ein fremdes Fahrzeug übersegelte, das sehr schnell sank. Bokelmann brachte Boote zu Wasser. Gefischt wurde aber nur ein Bettkorb, der auf einem größeren Wrackstück trieb. In dem Korbe lag ein Knabe von anderthalb Jahren. Jedes andere Zeugnis verweigerte die See. Das Kind wurde in Danzig von dem Ratsherrn Beneke, dem Schwager Bokelmanns, großgezogen. Nach dem Kalendernamen des Auffindungstages wurde es auf den Namen Paul getauft. Dreizehn Jahre später hat der Findling schon seine ersten kriegerischen Lorbeeren geerntet. Damals schlug sich Bokelmann bei Bornholm in blutigem Kampfe mit nur drei Schiffen gegen sechzehn dänische siegreich herum. Der junge Paul befand sich bei Bokelmann an Bord. Bei der Rückkehr der Schiffe nach Danzig wurde er durch den Bürgermeister Niederhoff öffentlich ob seiner Tapferkeit belobt. Er hatte im Enterkampf nach hartem Rammstoß mit einem Beilhieb den dänischen Admiral Hans von Zinnenberg kampfunfähig geschlagen und seinen Lebensretter dadurch vorm sicheren Tode bewahrt. Der Beilhieb hatte aber noch mehr bedeutet: als die Dänen ihren Führer fallen sahen, entfiel ihnen selbst der Mut — sie gaben das Treffen verloren, sechs von ihren Schiffen wurden aufgebracht!

In der Folgezeit war Paul Beneke an so manchem Stücklein beteiligt, das seiner seemännischen Tüchtigkeit, seinem Wagemut und seiner und seiner Kameraden Findigkeit alle Ehre machte: so, wenn sich zwei kleine Danziger Schiffe, von denen er das eine führte, vor einer großen dänischen Barse scheinbar flüchtend nach See zurückzogen, den Gegner aber zwischen sich lockten und dann erst ihre mit Persennings verkappten Geschütze freimachten, um den überraschten Dänen zusammenzuschießen und zu entern; oder wenn er in dunkler Nacht mit Schiffsbooten zwei Dänen heimlich wie ein Geist überfiel, mit seinen Leuten an Deck stieg, die Luken verschalkte und die auf diese Weise wehrlos gemachten Schiffe in seine Hand bekam; dies geschah bei Anholt, wo er hinterher mit seinen Booten den Dänen vier aufgebrachte Prisen vom Bollwerk, wo sie festgemacht waren, keck entführte, um als letztes noch 125000 M. Kriegsentschädigung einzustecken; ferner wenn er unter Führung des alten Merten Barbewig, eines dreimal gesiebten Ausliegerkapitäns, die Enge bei Helsingör forcierte, wobei im Großmast ein Besen gesetzt ward, ein Wahrzeichen des „Reinfegens", das schon Kurt Bokelmann geschätzt hatte; und dann schließlich während des großen Krieges der Hansen gegen England, wo Benekes Ruhm am hellsten erstrahlte.

Bei Kriegsausbruch lag er mit zwei Danziger Schiffen im Hafen des Zween. Das hansische Kontor zu Brügge warnte ihn vorm Auslaufen, da fünf englische Schiffe, darunter ein besonders mächtiges, der „St. John", ihm auf See auflauerten. Doch Paul Beneke dachte ganz anders über den Fall. Ihm schwebte das Ziel vor, von vornherein ganze Arbeit zu leisten. Des Nachts ging er in See, um am nächsten Morgen unter französischer Flagge in der Nähe von Dover zu ankern. Dort bemächtigte er sich mit Hilfe der Flaggenlist einer großen Zahl von Geiseln — da der Lord Mayor von London in politischer Sendung nach Frankreich übersetzen wollte, hatte man französische Schiffe erwartet — und setzte achzehn englische Handelsschiffe in Brand. Wenige Stunden später liefen ihm die echten Franzosen mit dem Lord Mayor in die Hände. Er gesellte den hohen Würdenträger zu den anderen Geiseln und kehrte nach der flandrischen Küste zurück. Die Briten lagen inzwischen tatsächlich in Lauerstellung vor dem Zween. Beneke hielt ungesehen nach See zu ab und richtete sich so ein, daß er erst bei Dunkelheit seinen Ankerplatz zwischen Feind und Küste aufsuchte. Graue Wolken schleppten träge über einen verdrießlichen Himmel. Es sprühte feucht aus ihnen hernieder. Die Engländer hatten kein Arg. Um Mitternacht rief ein Fischerboot den „St. John" an, ob es am Heck festmachen dürfe. Da sich nur zwei armselige Kerle in dem Boot befanden, erlaubte es der wachhabende Offizier. Ja, er gab den Fischern auf ihren Wunsch sogar noch trockenes Holz, damit sie sich eine wärmende Suppe kochen könnten. Ihre Suppe bestand aber aus Blei, und dieses Blei goß Paul Beneke, der eine der

Paul Beneke gießt das Ruder des „St. John" mit Blei fest

beiden Männer, zwischen Fingerlinge und Ösen des „St. John", so daß das Ruder feststand. Am nächsten Morgen war aus Regen breiiger Nebel geworden. Aus ihm tauchten plötzlich die beiden Danziger Schiffe auf. Zwei Breitseiten, auf Pistolenschußweite gefeuert, hämmerten den nächstliegenden Briten zu Klumpen. Die Engländer setzten Segel, kappten die Ankertaue — o du grundgütiger Gott: die „St. John" war steuerlos, mit backen Segeln trieb der mächtige Kasten hilflos davon! Paul Beneke zwang ihn zum Streichen der Flagge, angelte sich noch einen dritten Briten und lief als gefeierter Sieger nach dem Zween ein.

Der „St. John" diente ihm hinfürder als sein kampfkräftigstes Schiff, bis er später den „Peter von Danzig" übernahm, eines der größten und stärksten Fahrzeuge seiner Zeit, bewaffnet mit 20 Kartaunen (12-Pfündern) und 10 Feldschlangen (6—8-Pfündern). Zuvor hatte Beneke aber noch vor der Maasmündung einen harten Strauß mit den Franzosen zu bestehen, wobei eines seiner Schiffe in die Luft flog, und er selbst beim Enterkampf an Bord des Führerschiffes, der „Columbia", schwer verwundet wurde. Bei diesem hitzigen Treffen waren auf Seiten der Danziger zehn, auf französischer Seite siebzehn Schiffe beteiligt. Der Feind wurde völlig geschlagen. Er entkam mit nur drei Schiffen.

Über das ruhmreiche Gefecht, das dem Danziger Seehelden gegen Ausgang des Krieges beschieden war, berichtet der Chronist Reimar Kock wie folgt (stark gekürzt wiedergegeben): „Weil der Wind gut war, lief Paul Beneke unter die Küste von Flandern; denn es wurde ihm zu wissen, wie zu Brügge etliche Florentiner von den Engelschen großes Geld empfangen hatten, damit sie unter ihrem Namen jenen das Gut zugehen ließen; auch daß sie zu Sluys eine große und eine kleine Galeyde gemietet hatten, die hier mit Geschütz und Volk mächtig ausgerüstet und mit Wappen und Banner des Herzogs von Burgund gezieret waren. Als Paul Beneke das hörte, hatte er das Verlangen, sich die Galeyden zu besehen. Es dauerte auch nicht lange, da kamen die Florentiner damit in See, und die große Galeyde erschien, als ob ein Schloß oder eine Burg daherschwämme. Paul Beneke näherte sich ihr, bot ihr seinen Gruß und fragte, woher sie komme und wohin sie willens sei. Aber der Patron der großen Galeyde gab ihm spöttische Antwort, ob ihm nicht das Wappen in der Flagge bekannt sei, wohin er zu Haus gehöre. Denn der hochfahrende Lombarde ließ sich bedeuten, der Deutsche mit seinem Schiff müsse dem Welschen wohl weichen. Aber er fand einen rechtschaffenen deutschen Mann vor sich. Deshalb sprach Paul, er solle seine Flagge streichen und die Güter herausgeben, die den Engelschen gehörten. Wenn er es aber nicht in Güte wolle, so solle er das Streichen schon lernen. Diese Worte erachtete der Welsche für große Torheit; er ließ statt der Antwort eine Büchsenladung auf die Deutschen abknallen. Alsbald waren Paul Beneke und sein Volk fertig. Die Preußen begannen sich als Deutsche zu erweisen. Wie Bären saßen sie dem Feinde im Nacken, packten ihn und begunnten zu würgen, was ihnen in den Weg kam."

Bei dem Kampf verlor der Feind 18 Tote und 100 Verwundete, auf Danziger Seite fielen 3 Mann, 20 wurden verwundet. Die Beute war außerordentlich groß, sie betrug nach heutigem Gelde 1½ Millionen Mark, wozu noch der Wert der Galeyde trat. Dieser Verlust trug nicht unwesentlich dazu bei, die englische Kaufmannschaft mürbe zu machen. In Utrecht begonnene Friedensverhandlungen kamen jedenfalls von Stund ab in lebhafteren Fluß. Im Februar 1474 wurde der Friede unterzeichnet, der einen vollen Triumph der Hanse darstellte: England hatte bei dem Streit den kürzeren gezogen! Uns bleibt nur noch übrig, dem Urteil Reimar Kocks zu folgen, der von seinem „dudeschen (deutschen) Helden" Paul Beneke sagte: „Wollte Gott, daß solcher deutschen Hauptleute viele wären!"

Martin Behaim

Als sich gegen Ende des 15. Jahrhunderts an vielen Stellen Europas, vorwiegend an der atlantischen Küste, der Drang regte, weiter über See vorzudringen, um das scheinbar mit allen Reichtümern der Welt gesegnete Wunderland Indien auf dem Wasserwege zu erreichen, hat an den Entdeckungsreisen dieser Zeit auch ein Deutscher rühmlichen Anteil genommen: Martin Behaim.

Es war im Jahre 1471, als der deutsche Gelehrte Johannes Müller, der Sitte der Zeit entsprechend nach seinem Heimatort Königsberg in Franken Regiomontanus genannt, von Wien nach Nürnberg übersiedelte. Die Stadt an der Pegnitz war zu jener Zeit nicht nur ein Mittelpunkt hoher, vom Bürgertum geschaffener Kultur, nicht nur ein Sammelbecken seltenen Reichtums, sie war vor allem eine Stadt des Fortschritts, ein Platz, der Weltinteressen verfolgte und mit seinem Handel überall heimisch war, wohin die Pioniere einer neuen Zeit vordrangen. Regiomontan täuschte sich nicht: in der deutschen Binnenstadt, in der Stadt, zu der kein Hauch von Seeluft drang, lebte ein Geist, der fähig und bereit war, seine Kraft in den Dienst der Hebung der Seefahrt zu stellen. Die Nürnberger Bürger nahmen Regiomontan mit offenen Armen auf. Man gründete für seine Forschertätigkeit eine Sternwarte, des weiteren eine Werkstatt zur Anfertigung astronomischer und nautischer Instrumente und schließlich eine eigene Buchdruckerei, um die geleistete wissenschaftliche Arbeit den Nachkommen zu überliefern. Von 1471 bis 1475 hat Regiomontan in Nürnberg geweilt, später wurde er vom Papst nach Rom berufen. Die vier Jahre standen unter dem Zeichen unermüdlichen Strebens. Regiomontan hat den Kalender und vor allen Dingen die Ephemeriden nach völlig neuen Grundsätzen berechnet und anscheinend mit beachtenswertem Erfolge an der Vervollkommnung nautischer Geräte gearbeitet. Sein Ziel war klar: er wollte nicht nur die Astronomie und Kosmographie, sondern auch die wissenschaftliche Steuermannskunst auf eine völlig neue Grundlage stellen.

Der Zufall hat es nun gewollt, daß ein junger Nürnberger Scholar während dieser Schaffenszeit in den Gesichtskreis des berühmten Gelehrten trat. Martin Behaim war der älteste Sohn einer kinderreichen Familie. Sein Vater, ein weitgereister Mann, handelte in Tuchen. Für die wissenschaftliche Glut, die in seinem Sohne glomm, hat es ihm offenbar an jedem Verständnis gefehlt. Gewiß, er sorgte dafür, daß auch Martin wie alle Patriziersöhne eine gediegene wissenschaftliche Schulbildung erhielt. Für die Studien bei dem Professor Regiomontan hatte er jedoch nichts übrig. Er erblickte in seinem Erstgeborenen den künftigen Nachfolger im Geschäft, was man ihm unter Würdigung der Zeitverhältnisse nicht verargen darf, und hieran änderte sich auch nichts, als der Vater im Jahre 1476 starb. Die Mutter und Martins Vormund wanderten getreulich in den Fußstapfen des Verblichenen. In dem jungen Menschen glühte aber das Feuer weiter, das die Vorsehung ihm mitgegeben und das sich an den Lehren Regiomontans entzündet hatte. Noch mußte er es jedoch dämpfen. Im Jahre 1477 treffen wir den Achtzehnjährigen in Mecheln, und zwar in dem Tuchgeschäft eines Herrn vom Dorpp. Zwei Jahre später rückte er schon näher an die See heran: er lebte in Antwerpen, wo er bei einem Meister Heberlein, ebenfalls im Tuchhandel und in der Tuchverfertigung, tätig war. Und dann — dann folgte der große Schlag: Martin Behaim siedelte nach Lissabon über, nachdem er eines an sich unbedeutenden Vergehens wegen — er hatte selbander mit Freunden verbotenerweise auf einem Hochzeitsfest in einem jüdischen Hause getanzt, daraufhin Streit mit Stadtbütteln bekommen und Gefangenenbefreiung betrieben — seine Vaterstadt Nürnberg Hals über Kopf hatte verlassen müssen. In Lissabon gelangte er an den Mittelpunkt aller jener Bestrebungen, die von stärkstem Tatendrang für die Seefahrt erfüllt waren. Und es kann kaum einem Zweifel unterliegen, daß Nürnbergs Sohn diesen weitgreifenden Schritt der Übersiedlung nicht ohne Vorbedacht getan hat, obwohl wir im einzelnen hierüber nicht unterrichtet sind. Portugals König hatte zu jener Zeit aus den ausgezeichnetsten Mathematikern seines Landes eine Gesellschaft gebildet, deren Aufgabe es sein sollte, die geographischen und nautischen Kenntnisse zur Hebung der Seefahrtkunst zu fördern. Es ist nun überaus kennzeichnend für den Geist jener Zeit, für die Befriedigung eines starken Hungers nach Macht und Gold, daß die Sitzungen und Arbeiten dieser Gesellschaft streng geheim gehalten wurden, damit man sich allein einen gewonnenen Vorsprung sichere. In erster Linie scheint es dem Könige darum zu tun gewesen zu sein, den Seefahrern Mittel an die Hand zu geben, die sie unabhängig machen sollten von der Küstennavigierung. Die Zahl der Mitglieder der Gesellschaft war klein, sie umfaßte im Jahre 1483 nur vier Personen: die jüdischen Leibärzte des Königs, Jose und Rodrigo, den Bischof Diego Ortiz von Calcabilla und Martin Behaim aus Nürnberg. Man darf heute als feststehend annehmen, daß der nunmehr erst Vierundzwanzigjährige diesen bedeutsamen Erfolg seines Strebens nicht nur dem Umstande verdankte, daß er mit den Ephemeriden des Regiomontan, in denen der Standort der Sonne und anderer Himmelskörper bis zum Jahre 1506 vorausberechnet war, aufwarten konnte, sondern daß er selber auch alle Gewähr dafür bot, ein Meister in der wissenschaftlichen Nautik zu werden. Er verstand sich auf eine sichere Bedienung der von Regiomontan gebauten Instrumente, ja er scheint dessen Astrolabium, das zur Höhenmessung diente, noch durch eine Aufhängevorrichtung verbessert zu haben, die das Meßgerät unabhängig machen sollte von den Bewegungen des Schiffes. Schließlich war er offenbar ein sehr geschickter Kartograph. Wenn man auch anerkennen muß, daß zu jener Zeit in Lissabon viele Deutsche in angesehenen Stellungen weilten, und daß sich insonderheit die Vlamen sehr rege an der Besiedelung der Azoren beteiligten, so ändert dies doch an der Tatsache nichts, daß Martin Behaims Sprung vom Tuchhändler zum Vertrauten des Königs in nautischen Dingen ein Erfolg ganz ungewöhnlicher Art war; ein Erfolg, der **abermals klar veranschaulicht, daß den Deutschen die Seefahrt im Blute steckt.** Wenn von einzelnen Schriftstellern angenommen wird, Behaims Verheiratung mit der Tochter eines gebürtigen Vlamen, des Jobst van Hurter, der mit einer portugiesischen Palastdame vermählt war und die erbliche Statthalterwürde der Insel Fayal innehatte, habe ihm den Weg zum Könige eröffnet, so trifft dies sicherlich nur sehr bedingt zu. Ohne seine Tüchtigkeit hätte der Nürnberger jedenfalls den Weg nie und nimmer bis zum Ende gehen können, wie er es tatsächlich getan hat. Kommt noch hinzu, daß Behaim seine Ehe erst im Jahre 1486 schloß, also drei Jahre nach seiner Zulassung zu der mathematischen Gesellschaft des Königs, der Junta de matematicos.

Die Früchte von Behaims Tätigkeit und Tüchtigkeit sollten bald genug reifen. Bereits ein Jahr nach seiner Zulassung zu der geheimen wissenschaftlichen Körperschaft ließ der König Johann zwei Schiffe zu einer Forschungsfahrt längs der Küste von Westafrika ausrüsten. Es steht fest, daß die Umschiffung des Erdteils damals schon ins Auge gefaßt war, wenngleich sie vorerst noch nicht glücken sollte. Vor Antritt der

Die von Martin Behaim auf Cap Croß gesetzte Erinnerungssäule

Reise, an der Behaim teilnahm, hatte er noch eine Begegnung, die insofern besondere Erwähnung verdient, als sie beweist, daß die deutsche Wissenschaft selbst an den größten Unternehmungen der Entdeckerzeit Anteil nahm. Der Nürnberger lernte nämlich an Portugals Hof Christoph Kolumbus kennen, der sich vergeblich bemühte, das Ohr Johanns II. für seinen Plan zu gewinnen, Indien auf der Westfahrt zu erreichen. Kolumbus hat sich später, als er seine Sache am spanischen Hof verfolgte, ausdrücklich auf das Zeugnis des deutschen Gelehrten, „seines Freundes Martin de Bohemia", berufen, um die Ausführbarkeit der von ihm geplanten Unternehmung darzutun. Die Junta de matematicos in Lissabon hieß jedoch sein kühnes Vorhaben nicht gut. Sie war zwar in dem Besitz der später so berühmt gewordenen Karte des italienischen Gelehrten Toscanelli, die auch dem Kolumbus zur Verfügung stand und ihm bei seiner Westfahrt die wertvollsten Dienste leisten sollte, zog es trotzdem aber vor, die Afrikafahrt auszubauen, anstatt über die Azoren hinaus ins Ungewisse vorzustoßen. Immerhin darf als erwiesen gelten, daß der Entdecker Amerikas aus dem Verkehr mit Martin Behaim stärkste Anregung für sein Unternehmen gewann.

Die von König Johann betriebene Afrikafahrt erstreckte sich über zwei Jahre. Ihr Führer war Diego Cão, dem Behaim kaum als „Seefahrer", wie man ihn fälschlicherweise oft genannt hat, sondern in erster Linie wohl als wissenschaftlich gebildeter Nautiker und Geograph zur Seite stand. Über die Reise hat Behaim selbst, dann auch der Nürnberger Arzt Hartmann Schedel, ein Zeitgenosse Behaims, in seiner berühmt gewordenen Weltchronik berichtet. Das Bild wird durch spanische Quellen vervollständigt. Die Entdecker sind demnach als erste bis zum Kongo vorgedrungen. Was sie zur Rückkehr veranlaßt hat, wissen wir nicht. Johann II. bewies seine Dankbarkeit für das Geleistete unter anderem dadurch, daß er Martin Behaim feierlich zum Ritter des Christusordens schlug. Der also Gefeierte heiratete nunmehr Johanna von Macedo, die Tochter seines hohen Gönners, des Jobst van Hurter, und siedelte mit ihnen vorübergehend nach Fayal über. Was ihn dazu bewog, ist unbekannt. Der Gedanke, daß auch er insgeheim von dem Plan des Kolumbus, von dem Plan einer Westfahrt, nicht abließ, darf durchaus in Rechnung gestellt werden. Denn daß sich Behaim auch auf Fayal nur noch mit Entdeckerträumen und mit der Wissenschaft der Nautik und Geographie beschäftigte, ist nach dem Vorangegangenen kaum in Zweifel zu ziehen.

In den Jahren 1490 bis 1491 treffen wir überraschenderweise in Nürnberg auf seine Spuren. Er schenkte seiner Vaterstadt ein Werk, das seinen Ruhm für alle Zeiten sichern wird, einen von ihm und tüchtigen Mithelfern geschaffenen Globus, von ihm selbst „Erdapfel" genannt. Über die kulturgeschichtlich außerordentlich wertvolle Arbeit — sie befindet sich im Germanischen Museum zu Nürnberg — ist folgendes zu sagen: der Globus weist eine aus Holzreifen zusammengefügte Form auf, die mit Pappe überspannt ist. Darüber ist eine Gipskruste gegossen, die einen Pergamentbelag trägt. Auf dem Pergament befinden sich die von Martin Behaim gemachten geographischen und textlichen Angaben. Der Globus mißt im Durchmesser 56 cm. Die Zeichnungen und Inschriften sind verschiedenfarbig, blau herrscht jedoch vor. Das Weltbild Behaims deckt sich in seinen Grundzügen mit der Karte Toscanellis. Es weist wie jene aus begreiflichen Gründen eine Fülle von Darstellungen auf, die reine Phantasiegebilde sind, wenngleich die Altertumswissen-

Der Erdapfel Martin Behaims

schaft von heute auch hier so manchen Schleier lüftet, der sich im Laufe der Jahrtausende zwischen Wirklichkeit und Sage geschoben hat. Kolumbus beschäftigte bei seiner Entdeckungsfahrt auf das lebhafteste der Wunsch, das Wunderland „Cippangu" zu finden, von dem einst der Venetianer Marco Polo (1254—1323) berichtet hatte. Dieses Land war auf der Seekarte Toscanellis verzeichnet, nach dessen Ansicht der Weg der Westfahrt über die Inseln „Antilia" und „Cippangu" führen müsse, die um 50° voneinander entfernt lägen. Die gleiche Ansicht hat auch Martin Behaim vertreten. Sein Erdapfel zeigt die Inseln in entsprechendem Abstande. Die Stadt Nürnberg nahm das wissenschaftliche Kunstwerk ihres Sohnes nach Fertigstellung in treue Obhut.

Im Jahre 1493 kehrte Martin Behaim auf dem vielbefahrenen Seewege nach Lissabon zurück, um nach dem Tode König Johanns, der ihn nach wie vor, sogar durch Beauftragung mit politischen Missionen, ausgezeichnet hatte, ein zweites Mal nach Fayal überzusiedeln. Demzufolge liegt die Vermutung nicht fern, daß er sich immer wieder mit kosmographischen und nautischen Dingen beschäftigt hat, zumal da inzwischen des Kolumbus Westfahrt geglückt war. Ob sich Behaim noch einmal zu einer Entdeckungsfahrt vorgewagt hat, ist ungewiß. Als geschichtlich feststehende Tatsache darf jedenfalls nur gebucht werden, daß er im Jahre 1506 im deutschen Spital zu Lissabon, getrennt von seiner Familie und dazu noch arm und verlassen, eines frühen Todes starb.

Über die Möglichkeit, daß Martin Behaim auf den Spuren des Kolumbus vorgedrungen sei und bei dieser Gelegenheit sogar die Südspitze von Südamerika erreicht habe, ist viel geschrieben worden. Ganz klar sieht man auch heute noch nicht über diesen Punkt. Magalhães, dem als erstem die Umschiffung des amerikanischen Erdteils glückte, hat sich nämlich ausdrücklich darauf berufen, daß in seinem Besitz eine Karte von Martin Behaim gewesen sei, auf der bereits die gesuchte Durchfahrt verzeichnet gestanden hätte. Diese höchst merkwürdige und, wie gesagt, bis heute keineswegs aufgeklärte Tatsache hat nun zu starken Übertreibungen geführt. So trug im Jahre 1561 ein gewisser Postellus kein Bedenken, die Magalhãesstraße als „Fretum Martini Bohemi" zu bezeichnen. Andere Gelehrte haben sich ihm in sinnverwandter Weise angeschlossen, so z. B. Franz Löher in seinem Werke „Geschichte und Zustände der Deutschen in Amerika", das 1855 in Göttingen erschien. Hier wird Martin Behaim geradezu als der Entdecker Amerikas gefeiert, der den Kolumbus um zehn Jahre geschlagen habe. Es liegt auf der Hand, daß derartige Angaben dem kritischen Auge der Wissenschaft nicht standhalten. Andererseits besagt es schon genug, wenn ein Mann wie Martin Behaim seiner Zeit so weit voraus war, daß er sich mit seinem Namen als Kartograph auf eine südliche Durchfahrt bei der Neuen Welt wissenschaftlich festlegte. Daß er hierüber wiederholt gesprochen haben muß, ergibt sich daraus, daß der spanische Geschichtsschreiber Herrera (1549—1625) anerkennt, Kolumbus sei in seinen Gründen, die ihn dazu bestimmten, den Seeweg nach Ostindien gen Westen aufzusuchen, durch „seinen Freund, den Portugiesen Martin de Bohemia von der Insel Fayal, einen großen Kosmographen", bestärkt worden. Im gleichen Sinne haben sich auch noch andere Historiker jener Zeit ausgesprochen. Aus allem ergibt sich, daß das Ansehen des Nürnberger Gelehrten, denn als einen solchen, nicht als einen Seemann müssen wir Martin Behaim in erster Linie ansprechen, weit verbreitet und beträchtlich war. Um so bedauerlicher ist es, daß sein Vaterland ihn für lange Zeit vergessen hatte. Erst im Jahre 1890 setzte Nürnberg ihm ein Denkmal und weckte dadurch das Interesse an seiner Person. Selbst heute noch ist aber das umfassendste Werk über diesen großen Wegebereiter aus dem Zeitalter der Entdeckungen ein englisches! Fast scheint es, als ob das deutsche Volk mit Blindheit geschlagen sei, sobald es sich darum handelt, seine Taten auf See und seine Männer, die auf die See hinausstrebten, ins rechte Licht zu rücken. Auch das Leben und Wirken Martin Behaims ist bedauerlicherweise ein sprechendes Beispiel dafür.

Diederik Pining

Es ist seltsam, daß die Menschheit so manchen Wissensballast von Geschlecht zu Geschlecht forterbt, obwohl ein Ahnen in ihr lebt, daß dieser Ballast an Wert längst eingebüßt hat. Hierzu gehört auch die Mär, Kolumbus habe als erster die Weite jenes Weltmeeres bezwungen, das wir heute nach der sagenhaften Insel eines Plato das „atlantische" nennen. Es heißt dem Wagemut und der Zielstrebigkeit der portugiesischen und spanischen Seefahrer des 15. Jahrhunderts, die wahrhaft Großes geleistet haben, keineswegs Abbruch tun, wenn man die Erfolge eines Kolumbus nicht mehr als einzigartig betrachtet, sondern jenen Männern Gerechtigkeit widerfahren läßt, die Jahrhunderte vor ihm die Fahrt über die Atlantis wagten. Und das Erhebende hierbei ist, daß diese Männer abermals Germanen reinsten Geblüts waren. Ihre Ausfallpforte war Island, das in der zweiten Hälfte des 9. Jahrhunderts von Norwegern aufgesucht und besiedelt wurde. Gunnbjörn, ein auf der Fahrt nach Island westwärts verschlagener Schiffsführer, soll Grönland zuerst in Sicht bekommen haben. Im Jahre 983 wurde es von Erik dem Roten, den man auf Island wegen Totschlags geächtet hatte, aufgesucht. Er nannte seine neue Heimat „Grünland", um mit diesem lockenden Namen Gefährten nachzuziehen. Erik der Rote hatte Glück. Nachdem er das heutige Kap Farvel umschifft hatte, um auch die Westküste des „grünen Landes" kennenzulernen, kehrte er 985 nach Island zurück. Und das harte Geschlecht der Islandfahrer zögerte nicht lange, es folgte ihm. Bereits im Jahre 986 liefen nicht weniger als 25 Fahrzeuge aus, deren Mannschaften in Grönland ihr Glück versuchen wollten. Nur 14 Boote erreichten ihr Ziel. Im Eiriksfjördr wurden die ersten Wikingerniederlassungen auf Grönland gegründet. Somit darf man Erik den Roten, wenn man nicht auf Gunnbjörn zurückgreifen will, als den Entdecker, zumindest aber als den ersten Besiedler Nordamerikas preisen. Und des Kolumbus Ruhm muß darauf beschränkt bleiben, daß er die „Neue Welt Mittelamerikas" als erster Weißer zu Gesicht bekam.

Die Islandfahrer sahen sich Grönland vom Jahre 986 ab immer eifriger an. Leifr, Erik des Roten Sohn, führte das Christentum ein.

1124 wurde von Norwegens berühmtem König Sigurd Jorsalafari, dem Kreuzträger, der ins gelobte Land gepilgert war, ein eigenes Bistum für Grönland geschaffen, dessen Bischöfe bis 1378 in Gardar in der Nähe von Julianehaab ihres Amtes walteten. Insgesamt entstanden nach und nach nicht weniger als 16 Kirchen, 280 Höfe, je ein Augustiner- und ein Benediktinerkloster, so daß die Gesamtzahl der auf Grönland angesiedelten Norweger 4000 Köpfe betragen haben mag. Nicht diese Zahl ist es aber, die uns in Erstaunen setzen soll, sondern der Wagemut und die Kunst der Schiffahrt, die in rauhesten Meeresgebieten solche Siedelungen zuwege brachten; auch eine Widerlegung kräftigster Art des törichten Märchens von der Küstenseefahrt der Alten.

Bis zum Jahre 1261 blieb Eriks des Roten Schöpfung ein selbständiger Freistaat mit einer Verfassung, die dem isländischen Vorbild entsprach. Führer, von Thingleuten und Gesetzsprechern umgeben, herrschten über einzelne Gemeinden. Auch das geistige Leben glich dem auf Island. Sagendichtungen waren hier wie dort im Schwunge. 1261 wurde Grönland der norwegischen Krone als „Nebenland" unterstellt. Dadurch kam es im Jahre 1397 in die Union mit Dänemark und Schweden. Der letzte Bischof, der Grönland besuchte, war Alfr (1365—1378). Dessen Nachfolger waren nur noch als Weihbischöfe tätig; ihre Reihe schloß um 1537 ab.

In Wirklichkeit hatte der Verfall des „Nebenlandes" Grönland bereits viel früher, um die Mitte des 14. Jahrhunderts, eingesetzt. Über die Ursachen sieht man nicht recht klar. Einzelne Quellen behaupten, der in ganz Europa wütende „Schwarze Tod" habe Norwegen derart geschwächt, daß es Grönland überschüssige Kraft nicht mehr abgeben konnte; andere hinwieder führen den Zusammenbruch des Nebenlandes — wir sprechen heute sehr gebildet von Kolonien — auf den Einbruch stärkerer Eskimostämme zurück. Vermutlich werden sich beide Ursachen ergänzt haben. Über die letzten Angriffe der Skrälinger — so nannten die Norweger die Eskimos — gibt eine Urkunde des Papstes Nikolaus V. aus dem Jahre 1448 Aufschluß. Danach hatten die Skrälinger Fortschritte gemacht, die einer Eroberung oder Rückeroberung des Landes gleichkamen.

Seitdem schlief der Verkehr mit Europa ein. Nicht als ob Grönland in Vergessenheit geraten wäre, wir werden gleich das Gegenteil hören; man hatte aber vorerst einmal „die Akten über die ferne Welt geschlossen", um sie späterhin aus anderem Anlaß wieder zur Hand zu nehmen.

Welches sind nun aber die Gründe gewesen, die diese gewaltigen seemännischen Leistungen und großen Entdeckererfolge ganz in den Hintergrund geschichtlicher Betrachtungen treten ließen; so zwar, daß man erst in unserem Zeitalter durch mühsame Archivarbeit Spuren von Taten auffindet, von denen die Masse der Menschen — vornehmlich in Deutschland — bislang nichts wußte? Zunächst wird festzustellen sein, daß der helle Kulturkreis der Mittelmeerländer zur Zeit eines Eriks des Roten, aber auch noch später, mehr zu sagen hatte als das nebelfeuchte Norwegen. Das alte Imperium Romanum wirkte auch hier in seiner Wucht und Stärke fort. Alles, was innerhalb seines Bannkreises geschah, beschäftigte die Welt. Wer mit seinen Sinnen und seinem Herzen am sonnigen Süden hing, wollte von Norwegen, Island und Grönland nichts wissen. Aber auch die hohe Politik wandelte auf Bahnen, die den Kulturkreis des Mittelmeeres mehr oder minder nah umliefen. Rom war der Mittelpunkt der Welt, wenn es auch keine Cäsaren mehr gab. Das deutsche Volk hat zu seinem Leidwesen jahrhundertelang an dieser Einstellung gelitten. Und der Zauber Roms und der Mittelmeerländer, er leuchtete um so stärker, als die Bewohner der appenninischen und pyrenäischen Halbinsel es von jeher ganz anders wie der nüchterne Nordländer verstanden haben, die Werbetrommel für ihre Taten und Belange zu rühren. Hierin darf man den nachhaltigsten Grund für die gleich einem Vineta versunkene Entdeckerherrlichkeit der germanischen Völker erblicken. Ihre Wortkargheit und Bescheidenheit, die nur der Sache, nicht der eigenen Vergottung dienen will, hat sie auch in diesem Falle um einen wohlverdienten Ruhmeskranz gebracht. Heute aber, heute darf und muß man davon reden. Heute, wo Rom nicht mehr der Mittelpunkt des Menschheitssehnens ist, wo vielmehr der gesamte Erdball in gleicher Weise geschichtlich interessiert.

Es ist gemeinhin bekannt, daß das ganze Streben der Portugiesen und späterhin der Spanier dahin ging, den Seefahrtsweg nach Indien, dem Heimatland der Gewürze und sagenhafter Reichtümer, unter Umgehung von Widerständen zu entdecken, die seitens der Araber zu Lande und zu Wasser entfesselt wurden. Die Umschiffung Afrikas wollte und wollte jedoch nicht glücken. Somit gewann der Gedanke immer lebhafter Gestaltungskraft, durch die Fahrt gen Westen das ersehnte Ziel zu erreichen. Zwischen Portugal und Dänemark spannen sich in der zweiten Hälfte des 15. Jahrhunderts Fäden verwandtschaftlicher Beziehungen. Das Werk eines dänischen Geographen Claudius Clavus über die skandinavischen Länder hatte allenthalben Aufsehen erregt. Es war auch in Lissabon bekannt. Und so kam es zuwege, daß im Jahre 1461 König Alfonso von Portugal bei König Christian von Dänemark mit der Anregung vorstellig wurde, auf gemeinsame Kosten über Island hinaus in die westliche Hemisphäre vorzustoßen. Der Dänenkönig stak bis über die Halskrause in politischen und wirtschaftlichen Nöten und Sorgen. Er biß daher zunächst nicht an. Etwa zehn Jahre später wurde er aber zur treibenden Kraft. Und nun ging von Island aus eine Expedition in See, die Grönland „von neuem auffuhr" und ihre Entdeckungsfahrten nach dem heutigen Neufundland und bis in das Mündungsgebiet des St. Lorenzstromes ausdehnte; Landgebiete, von Leifr und seinen Gefährten schon vor 500 Jahren mit „Helluland, Markland und Vinland" benannt. Portugal hatte als Vertrauensmann einen erprobten Seefahrer, den älteren Cortereal, entsandt. Die Leitung des gesamten Unternehmens lag jedoch in den Händen eines ehrsamen Deutschen, dazu noch eines gebürtigen Hildesheimers mit Namen Diederik Pining, dem als treuer Genosse jener Hans Pothorst zur Seite stand, den wir als einen kühnen Auslieger in hamburgischen Diensten bei der Beschreibung des hansisch-englischen Seekrieges bereits kennenlernten.

Diederik Pining und Johann Pothorst waren — nehmt alles nur in allem — zwei ganze Kerle; hartgesotten, ohne Skrupel, Männer, die mit beiden Beinen im Leben standen und stets bereit waren, sich ihrer Haut zu wehren; die ihren Vorteil nie aus dem Auge verloren, aber auch Leistungen vollbrachten, die sich sehen lassen konnten; beileibe keine Piraten wie etwa Klaus Störtebecker oder Gödecke Michels, aber nicht zag, wenn es galt, aus der Losurne des Lebens einen Treffer für sich selbst zu ziehen.

Über Johann Pothorsts Vorleben wissen wir vorerst nur wenig. Vielleicht erhellt auch hier einmal der Lichtstrahl archivalischer Forschung das Dunkel. Wesentlich genauer sind wir über Diederik Pining unterrichtet; allerdings erst seit einer kurzen Spanne von Jahren. Die Pinings lassen sich in Hildesheim seit 1340 nachweisen; nicht als führende Männer ihrer Vaterstadt, wohl aber als Leute, die sich die Butter nicht vom Brot nehmen ließen, über ein vollgerüttelt Maß von Eigenwillen verfügten und daher aus verschiedenen Anlässen in Streit und Mißhelligkeit mit einer hohen Obrigkeit gerieten. Ein besonderer Hartschädel der Pinings war der Vater Diederiks, mit Vornamen Tileke genannt. Er wird um 1390 geboren sein, da er 1417 bereits das altstädtische Bürgerrecht in Hildesheim erwerben konnte. Tilekes Hand ließ gern die Schelmbeine rollen, er war auch gewalttätigem Vorgehen nicht abhold. Ein Kampf mit dem Rat brachte ihm Gefängnis ein. Im „gehegten Dinge" wurde sein harter Sinn nach siebzehn Tagen erweicht, so daß er „Urfehde" schwor. Zwei oder drei Jahre später scheint er in Armut verstorben zu sein; es sei denn, daß er seinen Wohnsitz verlegt hat, worüber vorläufig Ungewißheit herrscht. Es wäre nämlich auch möglich, daß er als „unbekannt" verzogen ist. Hierfür spricht der Umstand, daß sein Sohn Diederik in den Gesichtskreis geschichtlicher Betrachtung als ein fertiger Seefahrer im Dienste der dänisch-norwegischen Krone tritt. Entweder hat also der junge Diederik der Vaterstadt den Rücken gekehrt, um sein Glück in der weiten Welt zu suchen, oder es war schon der Vater gewesen, der den Weg in die Fremde gefunden hatte. Fest steht, daß der Drang zur See auch im deutschen Binnenlande zu jener Zeit nicht unbeträchtlich war; was durchaus verständlich scheint, wenn man sich vergegenwärtigt, daß der Wirkungskreis des hansischen Städtebündnisses bis über Mitteldeutschland hinaus reichte und sehr bedeutend war.

Diederik Pining ist das gewesen, was man heutzutage einen „Mann der Praxis" nennt. Er hat sich emporgearbeitet, und zwar ohne Zweifel im seemännischen Dienst. Anders wäre es nicht erklärlich, daß ihn Dänemarks König, dem es doch sicherlich nicht an seeerprobten Männern gebrach, zum Leiter eben jener Unternehmung bestellte, deren Zweck es war, über Island hinaus, das „grüne Land" von neuem „aufzufahren"; und zwar ausgesprochen mit dem Endziel der Entdeckung des Seeweges nach Indien.

Island gab in der zweiten Hälfte des 15. Jahrhunderts einen Tummelplatz vielseitiger politischer Interessen ab. Die Insel gehörte, wie wir schon wissen, zur dänisch-norwegischen Union, jedoch kaum mehr als dem Namen nach. Ganz abgesehen davon, daß die Isländer nur widerwillig ihre Abgaben und Gefälle zahlten, kreisten aber auch die Begierden Englands um diesen Vorposten in der atlantischen Welt. Der Handel zwischen Bristol und Island war nicht unbeträchtlich, außerdem lockten die schier überquellenden Schätze des isländischen Fischreichtums.

Über den Verlauf der Grönland-Expedition, die unter Diederik Pinings Führung vonstatten ging und die Nordwest-Durchfahrt nach Indien ausfindig machen sollte, wissen wir nicht allzuviel. Mit zwei Koggen war man in See gegangen. König Christian hatte, wie es heißt,

Pining steuert die Küste von Grönland an

einen erfahrenen Lotsen, Johannes Scolvus, an Bord gegeben. Auf einer Klippe an der Südostküste Grönlands, die er „Hvitsaerk" benannte, errichtete Diederik Pining eine Landmarke, die künftighin als Warn- und Ansteuerungszeichen dienen sollte. Die Expedition gelangte, wir wiederholen es, bis zum St. Lorenzstrom, also in die Nähe der Grenze, die heute Kanada von den Vereinigten Staaten trennt. Damit erschöpfen sich im wesentlichen die Angaben über den Verlauf der Unternehmung. Etwas ergiebiger sprudeln die geschichtlichen Quellen über die kriegerischen Ereignisse, die sich um Island, aber auch sonst auf den nordischen Meeren seit 1467 abspielten, wobei sich Diederik Pining als „Ausliegerkapitän" einen weithin gefürchteten, aber auch geachteten Namen machte.

Vier Jahre nach Kriegsende, 1478, wurde unser Held — denn als einen solchen dürfen wir ihn voller Stolz ansprechen — zum Vogt von Island bestellt. Es bleibt zweifelhaft, ob er damals schon die ganze Insel oder nur einen Teil in seine Amtsgewalt bekam. Diese Belehnung verrät aber, daß König Christian von Dänemark in Pining einen Mann erblickte, der Haare auf den Zähnen hatte und das Wort Treue nicht nur auf den Lippen, sondern auch im Herzen trug. Das Leben jener Zeit war just im hohen Norden von einer Härte der Sitten und Anschauungen erfüllt, daß nur bestehen konnte, wer sich vor Tod und Teufel nicht fürchtete. Solchen Schlages war aber Pining, hundertfältig hat er es bewiesen.

Als Vogt auf Island unternahm er eine zweite Expedition gen Grönland; wir wissen nicht, ob auf eigene Kappe oder vom König angeregt. Auf Hvitsaerk soll er eine Art Stützpunkt eingerichtet haben, um von hier aus Handel mit Grönland zu betreiben. Spätere Nachrichten geben an, die Eskimos hätten hiervon nichts wissen wollen, es sei zu schweren Kämpfen mit ihnen gekommen. Wenn dem so ist, so wird man hieraus folgern dürfen, daß Erik der Rote und sein Sohn Leifr beim ersten „Auffahren" des Landes günstigere Bedingungen vorgefunden hatten. Vielleicht war das „grüne Land" um das Jahr 1000 in der Tat noch herrenlos gewesen.

Als Pinings Gönner, König Christian I., im Jahre 1481 die Augen schloß, versuchten dänische Gewalten, den Deutschen aus seiner Stellung auf Island zu verdrängen. Viel Erfolg hatten sie damit nicht. 1482 übte Pining seine alte Tätigkeit in Island von neuem aus, um im Jahre 1483 von Christians Nachfolger, König Johann, ausdrücklich als „Statthalter über ganz Island" bestätigt zu werden. Diese Bestätigung war um so bedeutungsvoller, als der junge König kurz vorher Norwegen eine Zusicherung erteilt hatte, daß künftighin „Ausländer in Landesangelegenheiten nicht mehr zu Rate gezogen werden sollten". Abermals eine gewichtige Bestätigung dafür, daß Pining letzthin eine Persönlichkeit war, die der dänischen Krone ob ihrer Tüchtigkeit und Treue unersetzlich schien.

Und diese Treue und Tüchtigkeit, sie haben sich in der Folgezeit als echt wie Gold erwiesen. In den nordischen Meeren rührte der Kriegsgott immer wieder einen Quirl, der alles durcheinander brachte. Die Hanse überwarf sich mit den skandinavischen Ländern, weil man ihre Vorrechte im Islandhandel stark beschnitt. Frankreich und England hatten das Kriegsbeil widereinander ausgegraben. Spanien und Schottland wurden in diesen Streit verwickelt. Die Vlamen hatten sich gegen Habsburg erhoben. Der Graf von Oldenburg raufte sich mit der weltlichen Macht des Bischofs von Bremen und mit verschiedenen deutschen Seestädten. Dänemark zog gegen England vom Leder. Wo es ging, schlug man sich zu Lande herum. Den Hauptteil des Kampfes sah jedoch die See. Vom deutschen Meer bis tief in die Atlantis hinein erstreckte sich der Kriegsschauplatz. Und da es zu jener Zeit einen Unterschied zwischen feindlichem und neutralem Gut nicht gab, wozu wir auch heute leider neigen, noch weniger aber einen Unterschied zwischen Kriegsschiff und Handelsschiff, so war die notwendige Folge dieses Widerstreites aller am Seehandel Beteiligten, daß sich eine Kriegsform breitmachte, die ein Kaperunwesen wüstester Form entwickelte.

Aus den Urkunden der Hanse geht hervor, daß Diederik Pining einer der verwegensten Kaperfahrer in diesem Durcheinander war; nicht minder aber auch Johann Pothorst. Soll man die beiden Gesellen darum schelten? Es wäre wenig angebracht. Sie handelten, wie die Zeit es sie lehrte, und unterschieden sich insofern scharf und grundsätzlich von Leuten wie Klaus Störtebecker und Gödecke Michels, als sie stets im Dienste irgendeiner staatlichen Macht und nicht etwa auf eigene Faust die Meere unsicher machten. Daß der hansische Kaufmann in seinem Kontor, aber auch während der Beratungen auf den Hansetagen schlecht auf die beiden zu sprechen war, ist durchaus begreiflich. Der Geschädigte wird nur selten geneigt sein, seinen Widersacher zu rühmen. Wir stehen hier aber über den Parteien und dürfen auch aus den Fahrten und Taten eines Diederik Pining und Johann Pothorst den uns voll befriedigenden Schluß ziehen, daß der deutsche Mensch, mag er auch aus dem tiefsten Binnenlande stammen — denn das tat Pining seiner Herkunft nach — in besonderer Weise auf der See heimisch ist und sich auf ihr so sicher zu tummeln weiß, wie es längst nicht jedem Fremden verstattet ist, mag er selbst an der Küste gebürtig sein.

Im Frühling 1484 durchfurchte Pining mit seinem Kiel die deutschen Gewässer. Er stand im Dienst des Oldenburger Grafen, eines rechten Vetters von Dänemarks König. Die Hansen hatten unter den dreisten Zugriffen schwer zu leiden. Kurz darauf brachten Pining und Pothorst ihre Segel wieder gegen die Engländer; so zwar, daß ein dänischer Geschichtsschreiber von „kundigen Schiffern und berühmten Freibeutern" gesprochen hat, „die sich Ruhm und Ruf in Seeschlachten errungen hätten". Pining und Pothorst steuerten englische Häfen an, eine Flagge zeigten sie hierbei nicht. Sofort kamen die Briten heraus, um, wie sie wähnten, willkommene Beute machen zu können. Kaum sahen sie jedoch, so berichtet der Chronist, die dänischen Farben flattern, als sie auch schon kehrtmachten und zu entkommen suchten. Die beiden Gefährten, Pining und Pothorst, in langjährigem Zusammensegeln aufeinander eingespielt, waren jedoch wie der Habicht über Hühnern hinter ihnen her und zerzausten ihnen tüchtig das Fell. 1484 brachte Pining dann wieder drei wertvolle spanische Schiffe nach Kopenhagen ein. Daß er erst nach hartem Kampf ihrer Herr geworden war, ergab sich aus schweren Schäden des eigenen Schiffes.

Im Jahre 1486 ging es auf der als „frei" gepriesenen See am tollsten her. Wie immer, so verrohten auch dieses Mal die Kriegsgebräuche und Kriegssitten mit der Länge der Zeit. Aus einem Teil der staatlich anerkannten Kaper wurden zügellose Freibeuter, die Frage nach „Mein und Dein" wurde nur noch selten gestellt. Und es kann sein, daß auch Diederik Pining in dieser Hinsicht nicht ganz ohne Makel dasteht. Allerdings muß hervorgehoben werden, daß sein gutes Verhältnis zur dänischen Krone auch in den Zeiten wildester Piraterei keine Trübung erfahren hat. Im Gegenteil, König Johann ehrte den wagemutigen Mann, wo er ihn nur traf, und rief ihn sogar mit zweien seiner Schiffe zur Bedeckung seiner Person herbei, als es galt, eine Fahrt nach Bergen auszuführen. Den Gipfelpunkt königlichen Vertrauens, zugleich aber auch kriegerischen Ruhms erklomm Pining jedoch, als der König ihn mit einer größeren Unternehmung gegen Gotland beauftragte. Es bestand

Die Koggen Pinings geleiten den dänischen König Johann

die Gefahr, daß die Insel in die Hände des abtrünnigen Reichsverwesers Sten Sture fiel. Um dies zu verhindern, wurde eine Flotte ausgerüstet, mit deren Führung Pining betraut wurde. Auf des Königs Geheiß warb er eine größere Zahl von Seeleuten und Kriegsvolk an. Am 18. Mai 1487 verließ er mit sechs Schiffen Kopenhagen, um gen Osten zu steuern. Es blühte ihm ein voller Erfolg: Gotland unterwarf sich und huldigte König Johann; an Stelle eines Vogtes, der seiner eigenen Wege gegangen war, wurde ein dem König treu ergebener Mann eingesetzt! Man wird zugeben müssen, daß diese Gotlandfahrt ein Unternehmen darstellte, das sowohl militärisch als auch politisch zu würdigen ist. Es handelte sich hier keineswegs um irgendein mehr oder minder abenteuerliches Unternehmen, sondern um die Ausführung eines wohlvorbereiteten Aktes staatlicher Gewalt. Nach allem hieße es die Bedeutung der Persönlichkeit eines Diederik Pining unterschätzen, wollte man in ihm lediglich einen erfahrenen Schiffsführer oder einen sich selbst vor dem Teufel nicht fürchtenden Raufbold erblicken. Er war mehr, weit mehr! Denn ein Mann, der mit Mitteln der Kriegskunst seinem Souverän ein großes und wichtiges Landgebiet wie die Insel Gotland erhält, hat den Anspruch auf kriegsgeschichtliche Wertung und Würdigung.

Und so hat denn auch König Johann seinem treuen und tatkräftigen Admiral aufrichtig Dank gewußt. Im Jahre 1489 wird Pining unter den Bevollmächtigten aufgeführt, die dem künftigen Thronerben huldigten. Man wird ohne weiteres annehmen dürfen, daß er an dieser feierlichen Staatshandlung in seiner Eigenschaft als Vogt auf Island teilnahm.

Ein Jahr später, als der Friede seine Hand über die Nordsee und die Nordatlantis ausbreitete, lief eine wahre Meute von Widersachern Sturm wider Pining. Die Berechtigung der vorgebrachten Klagen — sie bezogen sich im wesentlichen auf die Kaperfahrten des tatendurstigen Mannes — soll nicht von der Hand gewiesen werden. Für unsere Betrachtungen ist es jedoch wichtiger, auch aus diesem Anlaß festzustellen, daß der deutsche Binnenländer Diederik Pining in der Tat ein Mann gewesen sein muß, dessen Name auf See jedermann kannte. Über den Wert oder Unwert seiner Person stritt man sich sogar während des Friedensschlusses. Und da man sich nicht einigen konnte, wurde ausdrücklich festgelegt, daß die Beschwerden über Pining zu vertagen seien; ihn und einen anderen Ausleger, Barthel Busch mit Namen — vermutlich also auch einen Deutschen — schloß man ausdrücklich von den Friedenssatzungen aus. Was jedoch König Johann in keiner Weise daran hinderte, den verdienten Mann nach wie vor in seiner Vogtstellung auf Island zu belassen.

Im Spätsommer 1490 begegnen wir Pining in Bergen, wo er als „Wappner", also als ein in den Adelstand gehobener Herr auftrat, um an der Regelung von Fragen der „Erbschichtung" teilzunehmen, die Norwegens vornehmste Geschlechter betraf. Da er sich in jener Zeit als „Vogt von Vardoe" bezeichnete, darf man annehmen, daß sein König ihn mit einer neuen Aufgabe betraut hatte. Vardoe liegt am Westausgang des nördlichen Eismeeres, es nimmt eine militärisch bedeutsame Schlüsselstellung gegen Rußland ein. In Vardoe entstand ein Vardoehus, also eine Seefeste. Die Möglichkeit, daß sie als ein Stützpunkt gegen russische Seemachtgelüste von Pining angelegt worden ist, liegt vor, obwohl Belege hierüber nicht vorhanden sind. Man weiß nur, daß unser Held noch im Jahre 1490 sein Ende gefunden haben muß. Offenbar hat die See dem kühnen Mann sein Grab bereitet; ein Scheiden aus dem Leben, das seiner würdig war.

Daß er zu jener Zeit noch die Statthalterschaft über Island innehatte, geht daraus hervor, daß der Althing von Island, nachdem man erfuhr, Pining sei „außer Landes verstorben", König Johann um Entsendung eines neuen Vogtes anging. Alle später auftauchenden Mären und Gerüchte, der „Seeräuber" Pining sei, von seinem König verstoßen, eines elenden Piratentodes verblichen, verdienen danach keinen Glauben. Kleine Geister der Rachsucht standen auf, als ein Starker sie nicht mehr zur Rechenschaft ziehen konnte; möglich ist aber auch, daß falscher dänischer Stolz den Ruhm eines Deutschen zu schmälern suchte.

Diederik Pining war eine Kraftnatur, die dem Gemessenwerden nach gewöhnlichem Maß widerstrebt. Ihn als Seeräuber brandmarken zu wollen, ist völlig verfehlt. Wer so urteilt, vermag über die Zäune seiner Zeit nicht hinwegzusehen. Ganz abgesehen davon, daß wir es ja noch im 20. Jahrhundert während des Weltkrieges erleben mußten, daß man unsere U-Bootskommandanten und Hilfskreuzerführer in einer Weise verdächtigt hat, die mit Ehrlichkeit und Wahrheit nichts zu tun hatte. Uns scheint vielmehr das Gebotene, Diederik Pining als einen Mann zu ehren, der in seltener Weise die Tugenden von Kraft und Treue in sich vereinigte und dazu ein Kriegsseemann war, dem man Größe, Wagemut und Führergabe nicht absprechen kann. Seine kriegerischen Leistungen übertreffen seine Erfolge als Entdecker. Trotzdem soll uns auch die Tatsache erfreuen, daß zwanzig Jahre vor Kolumbus ein deutscher Seefahrer amerikanischen Boden betrat.

Selbst dänische Historiker räumen heute ein, daß ohne das Walten von Pinings starker Hand Island aller Wahrscheinlichkeit nach dem Ansturm britischer Eroberungssucht zum Opfer gefallen wäre. Und Islands Chronisten bezeichnen ihn als einen der „berühmtesten Männer" ihrer Insel.

Viel Trümmer und Schutt haben hinweggeräumt werden müssen, bis man dessen gewahr wurde, daß Diederik Pining ein Deutscher war. Auch hier muß es heißen: Wäre er ein Engländer oder ein Franzose gewesen, die ganze Welt kennte ihn! Er hat im Grunde genommen nichts anderes getan wie ein Sir Francis Drake, der, unbekümmert um etwelche Gebräuche zwischenstaatlichen Lebens, im tiefsten Frieden mit harter Kriegsfaust zugriff, wo es für Englands Vorteil geboten schien.

Wenn unser Geschlecht eines bedauern muß, so ist es das, daß der Niedersachse Diederik Pining sein Leben unter dänischer Flagge verbrachte. Er hat wie so viele deutsche Männer seine ihm vom Schicksal verliehene Kraft leider in fremden Diensten und zu fremdem Nutzen verzehrt.

Die Welser in Venezuela

Zu einer Zeit, wo der Stern der Hansen bereits zu verblassen begann, wo der in Nord- und Mitteldeutschland nur lose geknüpfte Städtebund dem Drucke fremder staatlicher Kräfte mehr und mehr weichen mußte, regten sich fast wie ein Ausgleich im Süden unseres Vaterlandes starke kaufmännische Neigungen, die über See strebten. Man suchte sich dem veränderten Weltbildnis anzupassen, um teilzuhaben an den vorerst noch unerschlossenen, von Mund zu Mund aber ins Sagenhafte gesteigerten Reichtümern jener Länder, die dank dem Wagemut kühner Männer fast über Nacht in den Gesichtskreis der alten Welt getreten waren. Insonderheit war es Augsburg, wo solche Pläne feste Gestalt gewannen. Die großen Handelshäuser dieser Stadt waren die mächtigsten, die Deutschland je gesehen hatte. Mit zunehmendem Reichtum wuchs die Macht, und mit ihr spannte sich das Bedürfnis, seine Beziehungen auszudehnen, immer weiter und weiter. Das Haus der Welser handelte um die Wende des 15. zum 16. Jahrhundert nach Venedig, nach Lyon, ja bis tief nach Spanien hinein, woselbst es hauptsächlich über Saragossa und Valencia Safran und Südfrüchte einführte. Neben den Welsern standen die Fugger, die Imhoff, die Höchstetter und die Hirschvogel. Allen war die Kunst gemein, das kaufmännische Geschäft von sicherer Grundlage aus mit Nachdruck durchzuführen, gleichzeitig aber auch feine und doch feste Fäden der Diplomatie zu spannen. Als im Jahre 1519 Spaniens junger König Karl unter dem Namen Karl V. zum deutschen Kaiser gewählt wurde, so daß die burgundische, die habsburgische und die spanische Macht in eine Hand gerieten, da schlug für Deutschlands „königliche" Kaufleute eine Schicksalsstunde, die sie wohl zu nützen verstanden. Die Gelder zur Kaiserwahl waren vorwiegend von den Fuggern und Welsern aufgebracht worden. Dank diesen Geldern war es geglückt, den Ehrgeiz des französischen Königs auf die deutsche Kaiserkrone zurückzuweisen. So kam es zuwege, daß eine Hand die andere wusch, und daß sich dem deutschen Unternehmungsgeist, wie er von Augsburg ausging, die Aussicht eröffnete, unter dem Schutze kaiserlicher Gewalt Überseehandel zu betreiben. Damit schien aber beiden Teilen gedient. Auch Karl V. konnte es nur genehm sein, wenn sich starke wirtschaftliche Kräfte auf eigene Verantwortung unter den Fittichen seiner Kaisermacht regten. Ein Zeitalter der Kolonisierung wurde eingeleitet, das sich im Laufe der Jahrhunderte in seinen Wesenszügen nicht sehr gewandelt hat. Der Kaufmann ging voran, die staatliche Macht schritt hinterdrein: die Flagge folgte dem Handel, wie es von jeher in England hieß und auch heute noch heißt.

Es ist das Verdienst der Welser und der mit ihnen verbundenen Männer gewesen, die größte dieser Unternehmungen mit eingeleitet zu haben. Sie erlangten im Jahre 1525 vom Kaiser das Vorrecht, auf Grund derselben Rechtslage wie seine spanischen Untertanen in der Neuen Welt festen Fuß zu fassen. Alsogleich gingen sie ans Werk, die Pflöcke ihrer kaufmännischen Macht vorzustecken. Sie begründeten als Stapel- und Ausrüstungsplatz eine Handelsniederlassung in Sevilla, der bald darauf Faktoreien auf Santo Domingo und auf der Insel Española in Westindien folgten. Somit waren sie also tief in das Weltmeer vorgedrungen, dessen Siegel Kolumbus im Jahre 1492 erbrochen hatte. Die tatkräftigsten Förderer ihrer Ziele, zugleich auch ihre Gesellschafter, waren drei Gebrüder Ehinger, Heinrich, Ambrosius und Georg. Woher sie stammten, läßt sich seltsamerweise nicht mehr ergründen. Eine Spur

Welserkontor in Sevilla

führt nach Konstanz, unanfechtbar ist sie aber nicht. Hingegen kann ernstlich nicht mehr daran gezweifelt werden, daß die Ehinger als Beauftragte der Welser und nicht etwa selbständig handelten, wie man früher fälschlicherweise annahm. Hierzu hätten ihnen allein schon die Mittel gefehlt. Man muß sich überhaupt von der Vorstellung freimachen, als habe das Unternehmen der Welser einen abenteuerlichen Zug gehabt. Es steht vielmehr nachgerade fest, daß von einer nicht minder sicheren und wohl erwogenen Grundlage ausgegangen worden ist wie bei den sonstigen Taten des großen Handelshauses. Seit Beginn des 16. Jahrhunderts unterhielten die Welser mit eigenen Schiffen von Antwerpen aus einen lebhaften Handel nach Spanien und Portugal. Dieser Handel wurde dann planmäßig auf die Neue Welt ausgedehnt, wobei man zunächst wohl an eine Warenausfuhr dachte, da die Einfuhr nicht so erheblich sein konnte, daß sie die Unterhaltung einer eigenen Flotte gerechtfertigt hätte. Größere Frachtladungen wurden allein durch Zuckerrohr erzielt. Die Gewinnung von Edelmetallen, von Kupfer, Silber und Gold wurde neben der Perlenfischerei selbstverständlich nicht aus den Augen gelassen, was sich schon daraus ergibt, daß man dem Bergbau in den neu entdeckten Ländern reges Interesse entgegenbrachte und Bergleute, hauptsächlich im sächsischen Erzgebirge, anwarb. Der Vollständigkeit halber muß aber erwähnt werden, daß die Welser auch dem Sklavenhandel nicht ferngestanden haben. Es wurden damals schon Neger aus Afrika als Arbeitskräfte über das Weltmeer geschafft, da die Indianer sich als scheu und arbeitsunlustig erwiesen.

Der erste führende Kolonisator ist Ambrosius Ehinger gewesen. Seine Tätigkeit muß 1526, spätestens 1527 eingesetzt haben. Vornehmlich auf sein Betreiben ist die Festsetzung der Welser in Venezuela zurückzuführen. Als Georg Ehinger im Jahre 1530 mit mehr als hundert neu angeworbenen Ansiedlern in Coro, dem Hauptlandeplatz Venezuelas, eintraf, befand sich sein Bruder Ambrosius auf einem Entdeckungszuge im Innern des Landes. Damals entstanden schon die ersten Streitigkeiten unter den Kolonisten, bei denen nicht nur der Gegensatz zwischen Deutschen und Spaniern, sondern betrüblicherweise auch die deutsche Parteisucht eine große Rolle spielte. An diesen Streitigkeiten ist letzten Endes das ganze Unternehmen der Welser nach jahrelangen Bemühungen gescheitert. Bei der Ankunft Georg Ehingers in Coro erhielt sich hartnäckig das Gerücht, sein Bruder Ambrosius sei gefallen. Georg machte daraufhin den Versuch, die Statthalterschaft in seine Hand zu bekommen,

Welserschiffe vor der Faktorei in Coro

was ihm jedoch mangels jeder Vollmacht mißglückte. Ja, man zwang ihn sogar, die Provinz zu verlassen. Die Folge dieses ersten Zwistes, der sich in ähnlicher Form ein über das andere Mal wiederholen sollte, war die, daß Heinrich und Georg Ehinger dem ganzen Unternehmen den Rücken kehrten. An ihre Stelle trat nun eine Persönlichkeit, die alle Vorzüge einer beispiellosen Tatkraft, aber auch alle Schwächen eines weiten Gewissens aufwies: Nikolaus Federmann, aus Ulm gebürtig, eine echte Konquistadorengestalt. Er landete in Coro, als Georg Ehinger von den Ansiedlern vertrieben war. Bald darauf kehrte jedoch Ambrosius Ehinger aus dem Innern zurück, so daß Federmann vorerst noch seine ehrgeizigen Pläne zurückstellen mußte. Doch das Schicksal meinte es gut mit ihm: Ambrosius setzte nach Santo Domingo über, um dort in der Faktorei der Welser allerhand schwebende Fragen zu regeln, und bestellte für die Zeit seiner Abwesenheit Federmann zu seinem Vertreter. Da packte der gewissenlose Abenteurer mit beiden Händen nach dem Glück. Er tat sich mit Leuten zusammen, die, wie er, vor Goldhunger fieberten, und brach im September 1530 ins Innere des Landes auf. Seine Expedition setzte sich aus 130 Weißen und zahlreichen einheimischen Trägern zusammen. Die Truppe schmolz jedoch schnell zusammen. Krankheit zehrte an den Europäern. Wenn es auch zu keinen schweren Kämpfen mit den Eingeborenen kam, so spürte man doch ihre feindselige Einstellung. Im Frühjahr 1531 kehrte Federmann mit den

Trümmern seiner Expedition nach Coro zurück. Gewissenlos, wie er war, verfaßte er einen Bericht, der seine Unternehmung im günstigsten Lichte erscheinen ließ. Ambrosius Ehinger schickte den Unbotmäßigen aber nach Europa zurück. Federmann machte keinerlei Schwierigkeiten. Er gedachte jedoch, nun erst recht seine Seide zu spinnen. Und er täuschte sich hierin nicht. Sein Auftreten war derart bestechend, seine Tatkraft schien so groß, daß die Welser ihm ihr volles Vertrauen schenkten. Man darf sie darob nicht schelten. Der Ulmer war schon eine Persönlichkeit, die sich Ziele setzen und sie auch erreichen konnte. Daß er die Welser späterhin schimpflich betrog, ließ sich nicht voraussehen. Inzwischen war Ambrosius Ehinger zu einem neuen Zuge ins Innere aufgebrochen, bei dem er den Magdalenenstrom erreichte und reiche Schätze gewann. Er geriet jedoch in Kämpfe, verlor alle Beute und erlag selbst dem giftigen Pfeil eines Indianers. Unter unsäglichen Mühen und Beschwerden gelangte der Rest seiner Mannschaft im November 1533 nach Coro zurück. Der große und bleibende Erfolg dieser Expedition war immerhin der, daß man auf deutliche Spuren des Goldlandes, des Dorados, gestoßen war. Von Stund ab beherrschte die Vorstellung, nach Überwindung von Gefahren und Mühen reich werden zu können, die Gemüter in der ganzen Provinz.

An Stelle des Ambrosius Ehinger trat zunächst ein geistlicher Herr, dem das Schwert aber näher lag als der Rosenkranz, der noch jugendliche Bischof von Coro, Rodrigo de Bastidas. Er wurde aushilfsweise zum Gouverneur der Provinz ernannt; eine Verlegenheitsmaßnahme, die sich insofern jedoch in besonderer Weise auswirkte, als sie dem Gegensatz zwischen Spaniern und Deutschen Vorschub leistete und nicht unerheblich dazu beitrug, die Welsersche Arbeit zu erschweren. In Augsburg entschloß man sich gleichlaufend hiermit, Nikolaus Federmann auf weitere sieben Jahre zu verpflichten und ihn damit endgültig zum Nachfolger des Ambrosius Ehinger zu bestellen. Alsbald erwies es sich aber, daß der Unfriede, der in der Kolonie herrschte, bereits auf die ausschlaggebenden Stellen in Europa übergesprungen war. Es kam nämlich zu Unstimmigkeiten über die Ernennung Federmanns, die offenbar den Spaniern nicht genehm war oder von ihnen seiner bedeutenden Fähigkeiten wegen gefürchtet wurde. Die Welser gaben wohl oder übel nach. Sie fanden einen Ausweg. Dem ehrgeizigen, von Leidenschaften durchwühlten Federmann machte man Versprechungen für die Zukunft und speiste ihn zunächst mit der neugeschaffenen Stellung eines Generalkapitäns, also eines rein militärischen Führers, ab, während man gleichzeitig den kaufmännischen Vertreter der Welser in Sevilla, Herrn Georg Hohermuth von Speyer, einen erprobten Angestellten des Hauses, der aber die Neue Welt noch nicht gesehen hatte, zum Gouverneur ausrief. Beide segelten im Winter 1534/35 mit etwa 600 Mann nach Venezuela. Da nun aber sowohl Federmann wie Hohermuth darauf brannten, das Goldland zu erreichen, um Reichtümer und Ruhm zu ernten, war die Doppelbesetzung von vornherein ein Mißgriff, der sich um so gefährlicher auswirken sollte, als nun noch zu den Eifersüchteleien zwischen Deutschen und Spaniern der Gegensatz unter den Deutschen immer schärfere Formen annahm. Nachdem die Machtfrage mit dem stellvertretenden Statthalter, mit dem Bischof Bastidas, geregelt war — er gab nach und verließ, wenn auch grollenden Herzens, die Provinz, um sich zunächst nach Santo Domingo zu begeben —, brach Hohermuth im Januar 1536 ins Innere des Landes auf. Er hatte ausgezeichnete Führer bei sich, einen Spanier Esteban Martin, und einen Deutschen Andreas Gundelfinger. Außerdem begleitete ihn als militärischer Unterführer ein fränkischer Edelmann, Herr Philipp v. Hutten, der gleich Hohermuth zum ersten Male in dem fremden Lande weilte. Aus Huttens Feder sind uns wertvolle Aufzeichnungen über den Verlauf der Unternehmung erhalten geblieben. Man drang bis in die Nähe des Äquators vor und hatte hierbei vielfach unter Kämpfen mit Eingeborenen, mehr noch unter Fiebererkrankungen zu leiden. Hohermuth faßte den harten, aber richtigen Entschluß, die Kranken zurückzulassen, um ungehindert zu sein. Die Stimmung wechselte unter seinen Leuten von Tag zu Tag. Fand man keine Pässe, schwollen Ströme während der Regenzeit zu reißenden Strudeln an, zitterten vergiftete Pfeile, von den Indianern hinter Bäumen hervorgeschossen, durch die Luft, dann hob Unruhe, ja selbst Auflehnung ihr Haupt. Klang dann an anderer Stelle der Ruf von Gold und Schätzen, wenn auch nur von fern, an das Ohr der Abenteurer, dann waren Mut und Zuversicht, genährt von der Gier nach Besitz, im Augenblick auch wieder zur Stelle. Selbst beste Hoffnungen wurden jedoch vom Schicksal genarrt. Das Goldland lag hinter einem hohen, steilen und rauhen Gebirgsstock, und über ihn kam man in der gottverlassenen Gegend nicht hinweg. Als Esteban Martin in einen Hinterhalt fiel und dabei ums Leben kam, war es um den inneren Halt der Abenteurerschar geschehen. Es zeugt für Hohermuths Kraft, daß er seine Leute noch mehrere Tagesreisen weiterschleppte — man gelangte bis zum Fluß Vermejo —, dann schwand aber der letzte Rest von Tatwillen. Man trat den Heimweg an und traf am 27. Mai 1537 in völlig erschöpftem und zerlumptem Zustande mit 160 Mann in Coro ein. Zu 400 Köpfen war man ausgerückt. Die Gesamtbeute betrug etwa 8000 Pesos in Gold und Silber. Das war nicht gerade viel.

Federmann hatte eine ganze Zeit gewartet, abwechselnd in Coro und Maracaibo; nicht geduldig, aber doch lange. Er hoffte von Tag zu Tag, es möchte seine endgültige Ernennung zum Gouverneur eintreffen. Als daraus nichts wurde, ist auch er ins Innere aufgebrochen, und zwar von Coro aus, wobei er vorschützte, ihn dränge es nunmehr, Herrn Hohermuth zu Hilfe zu kommen, der allem Anschein nach in Bedrängnis geraten sei. In Wirklichkeit vermied er aber aufs peinlichste, mit seinem Nebenbuhler zusammenzutreffen; ja, er wich ihm sogar in verräterischer Weise aus, als er durch Zufall in die Nähe der anderen, der auf dem Heimwege befindlichen Schar geriet. Federmanns Zug war vom Glück begünstigt. Was Hohermuth nicht beschieden war, bot sich ihm an: er fand einen Paß über die Cordilleren — es wird in der Gegend des Paramo de la Suma Paz gewesen sein — und bezwang im Verlaufe von 22 Tagen die riesige Gebirgswand, wenn auch unter schier übermenschlichen Anstrengungen und Entbehrungen. Und dann, ja dann stand es fest: man kam in ein kultiviertes Land, man traf auf alle Anzeichen von Reichtum und Gold, man war im heißersehnten Dorado! Alle Mühen des Marsches, alle Gefahren waren vergessen, deutlich winkte das Ziel, goldhungrige Augen sahen es zum Greifen nahe, am Abend war man vielleicht schon ein von Glücksgütern Gesegneter, ein gemachter Mann — — —

Das Schicksal hatte es jedoch anders bestimmt. Ein Blitzschlag der Enttäuschung traf Federmann und seine Schar: ein anderer hatte vor ihnen das Goldland erreicht, ein Spanier, Gonzalo de Queseda mit Namen, war ihnen zuvorgekommen. Ja, es traf sogar noch ein dritter Eroberer ein: Sebastian de Benalcazar. Die beiden Spanier waren von der Nachbarprovinz Santa Marta aufgebrochen und hatten sich bei ihrem Vordringen die Wasserstraße des Magdalenenstromes zunutze gemacht. So standen sich also auf der Hochfläche von Bogota drei Konquistadoren gegenüber, von denen keiner dem anderen im Grunde seiner Seele auch nur das geringste Körnlein Gold gönnte. Sie belauerten einander wie Raubtiere. Als Federmanns Scharen sich lichteten — viele von seinen Leuten setzten ihre Karte auf Queseda —, da lenkte er ein und vermied den blutigen Kampf um die Macht. Die drei Führer einigten sich über den Besitz, füllten ihre Taschen und kehrten nach Europa zurück, ohne auch nur im entferntesten daran zu denken, zur Berichterstattung und Rechenschaftsablegung ihre Provinzen aufzusuchen. Ebensowenig fiel es ihnen ein, in Spanien, wie verabredet, die Entscheidung des Kaisers anzurufen, welcher Provinz das entdeckte Land zufallen solle. Benalcazar kehrte 1540, Queseda gar erst 1550 nach der Neuen Welt zurück. Federmann hatte ihr insgeheim aber für immer sein Abieu zugerufen. Er lebte anfangs in Flandern, später in Madrid, von den Welsern unter schwere, nur zu berechtigte Anklage gestellt. Sein Ende war kläglich. Kurz vor seinem Tode legte er ein reumütiges Geständnis ab, indem er alle gegen die Welser erhobenen Verdächtigungen widerrief und ihnen großmütig vermachte, was er nicht besaß: Neu-Granada, das von ihm entdeckte Land! Immerhin gab dieses Vermächtnis den Welsern Anlaß, ihre Ansprüche auf Neu-Granada beim Kaiser zu vertreten. Dabei konnten sie sich darauf berufen, daß sich die Unternehmungen Quesedas und Benalcazars auf Pläne Federmanns gestützt hätten. Hiermit trafen sie zwar den Nagel auf den Kopf, drangen trotzdem aber mit ihren Ansprüchen nicht durch, schon um dessentwillen nicht, weil ihr Hauptzeuge, Nikolaus Federmann, nicht mehr für sie aussagen konnte.

In Coro ging mittlerweile alles drunter und drüber. Die spanischen Belange liefen Sturm gegen alles, was deutsch war. Georg Hohermuth wurde völlig sinnlos unter Anklage gestellt, der Bischof Bastidas begann sich wieder zu rühren. Trotzdem glückte es dem zähen Willen und dem großen Einfluß der Welser noch einmal, ihrer Sache zum Siege zu verhelfen. Hohermuth, den wir uns als eine höchst achtbare Persönlichkeit vorstellen dürfen, rüstete eine neue Expedition ins Innere aus, als ihn am 11. Juni 1540 nach kurzem Krankenlager der Tod ereilte. Darauf entschloß sich Herr Bartholomäus, das Haupt der Familie Welser, seinen ältesten Sohn gleichen Namens nach der Neuen Welt zu entsenden. Der junge Bartholomäus traf Ende 1540 in Coro ein. Philipp v. Hutten, der sich größter Beliebtheit erfreute, wurde zum Generalkapitän und Leiter der neuen Expedition ernannt. Der Welsersproß sollte unter ihm zunächst als Hauptmann Dienste tun. Dieses letzte Unternehmen des Augsburger Hauses ging aus in Blut und Mord. Verrat war sein Begleiter, Auflehnung wurde geschürt, der offene Kampf zwischen Spaniern und Deutschen begann. Ein gewisser Juan de Carvajal war das Haupt der Empörung. Es glückte ihm, Hutten und den jungen Welser in seine Hand zu bekommen. Das Zerrbild einer Gerichtsverhandlung erklärte die Gefangenen für vogelfrei. Sie fielen unter den Schlachtmessern von Indianern. Die Köpfe und Leiber der Erschlagenen mußten die ganze Nacht auf dem Boden liegen bleiben, dazwischen waren mit Absicht die Pferde angepflöckt. Das Eigentum der in rohester Weise Hingemordeten wurde öffentlich versteigert. Der Gerechtigkeit halber sei aber hervorgehoben, daß Carvajal späterhin seine durch nichts zu entschuldigende Untat am Galgen büßen mußte.

Der Tod Huttens und des jungen Bartholomäus (1546) setzte den Entdeckungszügen unter deutscher Führung zunächst ein Ende. Mit Hutten hatten die Welser ihre beste Kraft verloren. Sie kämpften zwar noch jahrelang um die Erhaltung ihres Rechts und ihres Besitzes, der spanische Eigennutz trat aber immer unverhüllter hervor, so daß dem Kampfe ein Erfolg nicht mehr beschieden war. Im Jahre 1556 wurde die „deutsche" Provinz Venezuela, wie es ausdrücklich in den Akten hieß, dem großen spanischen Kolonialreich einverleibt, obwohl dem Buchstaben des Gesetzes damit keineswegs Genüge getan war. Immerhin verfuhr die spanische Regierung noch so vornehm, daß sie die gesamten Kosten eines Prozesses, den die Welser angestrengt hatten, auf die Staatskasse übernahm.

Die Besitzergreifung von Venezuela war für das Haus der Welser nur ein Glied in einer langen Kette handelspolitischer Unternehmungen gewesen. Wir müssen es aufs tiefste bedauern, daß dieses Glied hat brechen müssen, so daß der Anteil deutscher Kraft an der sich auf der Welt mit Macht entwickelnden überseeischen Kolonisation ausgeschaltet wurde; ein Vorgang, der sich unter den Nachfolgern des Großen Kurfürsten, wenn auch aus anderen Gründen, leider wiederholen sollte. Die Schwierigkeiten, vor die sich Deutschland in kolonialen und Seeschiffahrtsfragen bis in unsere Tage hinein immer wieder gestellt sieht, wären aller Voraussicht nach geringer geblieben, wenn wir unsere Gleichberechtigung auf dem Weltmarkt und im Weltverkehr ohne Schwanken betont und unbeirrt vertreten hätten.

Seegefechte unter Kurbrandenburgs Flagge

Es wäre unrecht und würde deutscher zäher Art nicht gerecht, wenn man behaupten wollte, die Hansen hätten ihre Sache nicht bis zum äußersten verteidigt. Es fehlte ihnen vielmehr bis zum Versiegen der Quellkraft des Bundes weder an Tatendrang noch an Unternehmungslust. Woran es jedoch in steigendem Maße gebrach, das war die staatliche Stütze, der bewaffnete Schutz, ohne den der Seehandel eines jeden Volkes stets nur insoweit blühen kann, als es fremden Völkern genehm ist. An die Stelle der Hansen traten die Niederländer, germanischer Seegeist bewährte sich auch hier. Ja, es war vielleicht sogar eine Folge des glänzenden Aufstiegs der niederländischen Seefahrt, daß sich die völlige Loslösung vom Heiligen Römischen Reiche deutscher Nation beschleunigte. Der Dreißigjährige Krieg hat nicht nur aus dem deutschen Grund und Boden vielerorts eine Trümmerstätte gemacht, er hat auch den deutschen Seemachtgedanken zu Grabe getragen. An den deutschen Küsten herrschte fremde Gewalt. An der Weser und Elbe saßen Schweden und Dänen, in Mecklenburg und Pommern die Schweden allein, die Weichsel war in der Hand der Polen, Preußen, außerhalb des Reiches gelegen, wurde bald von Schweden, bald von Polen als Lehnsland beansprucht. So wird der Klageruf des Großen Kurfürsten nur zu begreiflich, der in einer Staatsschrift die Worte niederlegen ließ: „Was sind Rhein, Weser, Elbe und Oder anders als fremder Nationen Gefangene."

Die Flottengründung des Großen Kurfürsten wird vielfach nicht richtig gewürdigt. Weite Kreise des deutschen Volkes sind geneigt, in der Schöpfung eine Fürstenlaune zu erblicken, deren raschem Ende man keine Träne nachzuweinen brauche. Dabei ist just das Gegenteil richtig. Wenn heutzutage das Wort, daß über die Weltmeere die Hochstraßen des Weltverkehrs laufen, reiferem Verständnis begegnet, so muß festgestellt werden, daß es gerade das 17. Jahrhundert war, in dem die Menschheit auf diesen Hochstraßen heimisch wurde. Der Große Kurfürst nahm es mit hellen Blicken und vorausschauendem Verstande in sich auf, daß Seegeltungsfragen zu einem Zähler erster Ordnung im Weltgetriebe geworden waren. Und so hat er nicht aus irgendeiner vom Zufall oder falschem Ehrgeiz eingegebenen Laune den Weg der Flottengründung beschritten, sondern als ein Staatsmann, der wußte, was seinem Lande und seinem Volke not tat. Wir sind es gewöhnt, die Geschichte der kurbrandenburgischen Marine in Verbindung zu bringen mit den kolonialen Bestrebungen des Großen Kurfürsten, woran die Flotte erheblichen Anteil hatte. Daß sie auch kriegerische Lorbeeren erntete und vor allem viel früher entstand, ist weniger bekannt geworden. Eine Zusammenstellung dieser Taten in der Kette unserer Abhandlungen scheint somit am Platze.

Bereits im Jahre 1657 trug der Große Kurfürst dafür Sorge, daß der kurbrandenburgische Adler auch über der See seine Fänge zeigte. In Pillau wurde unter dem Kommando eines Obristen von Hille eine kleine Flotte zusammengestellt, die sich in dem schwedisch-polnischen Kriege von 1658 bis 1660 durch allerlei Taten im Frischen Haff schon etwas wie einen Namen erwarb. Drei Schiffe waren es, die den Bestand der Flotte ausmachten, die „Lust- oder Leib-Jagdt" des Kurfürsten, ein Fahrzeug mit einem Mast und zehn „metallenen" Kanonen, die Vloeth „Churfürst von Brandenburg", ein dreimastiges flaches Fahrzeug mit sieben „eisernen" Geschützen, und die Fregatte „Clevische Lindenbaum" mit zehn „metallenen" Geschützen (Bronzekanonen).

Kurbrandenburgische Fregatten

Hille stammte aus Hildesheim. Er focht als Reiteroffizier unter dem Generalmajor v. Derfflinger, um am 1. April 1657 den Pferderücken mit Schiffsplanken zu vertauschen. In Anerkennung seiner „treuen und nützlichen Dienste" wurde er zum „Obristen zu Roß" befördert, damit er als „Schiffskommandeur" einen höheren Rang aufwiese. Aller Wahrscheinlichkeit nach wird die Wahl des Großen Kurfürsten deshalb auf Hille gefallen sein, weil der wackere Reitersmann in holländischen Diensten gewisse Kenntnisse von der See und vom Seedienst erworben hatte.

Die von ihm geleiteten kriegerischen Unternehmungen richteten sich gegen die Schweden, die nach des Kurfürsten Meinung „mit den Hostilitäten den Anfang gemacht hätten, obwohl er alles versucht habe, die Irrungen und Mißverständnisse friedlich beizulegen". Die Schweden führten mit drei Orlogschiffen eine regelrechte Blockade Pillaus durch, was Hille nicht daran hinderte, sich im Frischen Haff eines schwedischen Schiffes, offenbar eines Nachschubfahrzeuges, mit Pferden, Hafer, Proviant und Wasser beladen, zu bemächtigen. Das Schiff, ein Galeot, wurde der kurfürstlichen Flotte einverleibt. Zu einem größeren Gefecht kam es um ein Bollwerk bei Elbing, das Hille von See aus nahm, aber nicht halten konnte. An diesem Vorstoß beteiligten sich bereits zehn Fahrzeuge unter der kurbrandenburgischen Flagge. Der Große Kurfürst erkannte den bei Durchführung des Unternehmens bewiesenen Schneid an, indem er erklärte, da Elbing in schwedischer Hand gewesen sei, habe sich das Bollwerk nicht „maintenieren" lassen. Es würde zu weit führen, des näheren auf alle Vorstöße einzugehen, die Obrist Hille mit seinen Schiffen unternahm. Es sind uns verschiedene Unternehmungen gegen die Nogat- und Weichselmündungen überliefert worden. In der Mehrzahl der Fälle handelt es sich um Angriffe von See her, die in Verbindung mit Operationen der Landtruppen standen, wie Hille überhaupt bald zu Roß, bald von Bord aus focht. Nach dem Frieden von Oliva schränkte sein kurfürstlicher Herr die Flottenrüstungen wieder ein. Es verblieben zur Verwendung auf dem Haff die oben namentlich aufgeführten drei Fahrzeuge, dazu drei Kriegsschaluppen. Die Schiffe führten aber auch, um Geld einzubringen, Handelsfahrten aus, unter anderem nach Frankreich und Holland. Später kaufte der Große Kurfürst noch zwei holländische Galeoten an. Für die Bloeth „Churfürst von Brandenburg" wurde ein Ersatzbau fertiggestellt, an dessen Baukosten sich — man höre und staune —

Der „Churprinz von Brandenburg"

kurfürstliche Offiziere und Beamte als Aktionäre beteiligten. Das Schiff erhielt den Namen „Churprinz von Brandenburg". Es wurde 1662 fertiggestellt, nach zwei Jahren aber schon in London verkauft, da es nach Ansicht des Obristen Hille für ein Kriegsschiff nicht geeignet war. 1669 traten als Ersatz zwei in Holland gebaute Kriegsschiffe ein, von denen das eine den Namen „Das Wapen von Cleve" führte. Trotzdem blieb es um den Ausbau der kurfürstlichen Flotte schlecht bestellt. In den Staatskassen lief hohe Ebbe. Die kurfürstliche „Lust-Jagdt" ist noch um 1676 nachweisbar, die übrigen Schiffe sind wohl schon bis zum Jahre 1670 verkauft worden. Aus den Akten ergibt sich aber, daß der Große Kurfürst immer wieder, vornehmlich unter Ausnutzung der Fachkenntnisse des Obristen Hille, Ausschau halten ließ, ob sich nicht eine gute Gelegenheit zu Neuerwerbungen böte.

Daß der Große Kurfürst letzten Endes seine Seestreitkräfte aus fremder Hand, aus den Niederlanden beziehen mußte, darf als eine überaus beschämende Tatsache bezeichnet werden. Wenn auch die Besetzung der deutschen Küste durch fremde Gewalten hierbei sehr erheblich mitgesprochen haben mag, so hat doch die ganze Zeit bewiesen, daß der Seefahrt gedanke im deutschen Volke in einer Weise daniederlag wie nie zuvor. Daß „der gewisseste Reichthumb und das Aufnehmen eines Landes herkommen von dem Commercium, daß Seefahrt und Handlung die fürnehmsten Säulen eines Estats seien", waren dem Herrscher auf Kurbrandenburgs Thron von Jugend her vertraute Weisheiten. Mit seinen Versuchen, sie in die Tat umzusetzen, hatte er anfänglich jedoch, wie wir gesehen haben, keinen Erfolg. Die Faust des Krieges fuhr immer wieder dazwischen und zerstörte alle Hoffnungen, die auf das Emporblühen von Handelskompanien und auf Ankauf von Kolonialland (Tranquebar in Ostindien) gesetzt wurden. Jahre um Jahre vergingen. Erst die Schlacht bei Fehrbellin (1675) sollte es in der Folge zuwege bringen, daß Kurbrandenburg auf See mehr und mehr heimisch wurde. Was in der Mark und in Preußen nicht recht hatte gelingen wollen, mußte in den seemächtigen Niederlanden glücken: der Kurfürst beauftragte seinen Gesandten im Haag, Ausschau zu halten, ob sich einer der reichen Mijnheers bereit fände, Kaperschiffe auszurüsten, die den Schweden nunmehr auch auf der freien See das Leben sauer machen sollten. Derartige Geschäfte waren damals durchaus nichts Ungewöhnliches. Es wurden vielfach Kommissionspatente ausgestellt, die den Kapern einen rechtlichen Charakter verliehen. Benjamin Raule, Schöffe und Ratsherr der Stadt Middelburg auf Seeland, wurde der Kommissionär und Vertraute des Großen Kurfürsten, um später zum kurfürstlich brandenburgischen Rat und Marinedirektor ernannt zu werden. Die von Raule im Auftrage des Kurfürsten ausgerüsteten Kaperschiffe setzten die brandenburgische Flagge, den roten Adler im weißen Felde, im Sommer 1675, obwohl sie zunächst noch nicht Eigentum des Staates waren.

Die Raulesche Schöpfung war von vornherein auf eine breitere Grundlage gestellt als die des Obristen von Hille. Nachdem die Kaperschiffe im Jahre 1675 gute Erfolge gehabt hatten — insgesamt brachten sie 19 vollbeladene Schweden auf —, entschloß sich der Große Kurfürst im Jahre darauf zu einem neuen Mietvertrag. Diesmal wurden ihm die Fregatten „Churprinz von Brandenburg", „Berlin" und „König von Spanien" sowie die Galeoten „Cleve", „Potsdam" und „Der

Bracke" zur Verfügung gestellt. Insgesamt zählten die Schiffe 70 Geschütze und 322 Mann Besatzung. Es war am 4. Juni 1676, als die schwedische Flotte in beträchtlicher Stärke von der Galeote „Potsdam" nahe Jasmund gesichtet wurde. Am Tage darauf kam es zu einem Treffen zwischen den Schweden und einer dänisch-holländischen Flotte. Die Brandenburger, mit den Dänen und Holländern verbündet, hielten sich bereit. Heftiger Geschützdonner grollte herüber. Noch wußte man nichts über den Ausgang der Schlacht, als die schwedische Brigg „Leoparden" mit heruntergeschossener Großstenge, gefolgt von einem armierten Brander, in Sicht kam. „Berlin", „König von Spanien" und „Cleve" griffen an. Es „entbrannte ein scharfes Gefecht". Die Brandenburger enterten und nahmen beide Schweden weg. Den Roten Adler über der blaugelben Flagge, wurden die Prisen nach Kolberg „mit überaus großem Frohlocken und Zulaufen der ganzen Stadt" eingebracht. Der Große Kurfürst schöpfte insonderheit aus dieser Tat Vertrauen zu seiner zweiten Flottengründung. Unter dem Namen „Maria Katharina" wurde „Leoparden" in die kurbrandenburgische Marine eingereiht. Mit dem erbeuteten Brander wußte man nichts Rechtes anzufangen. Er wurde gegen zwei dänische Galeeren ausgetauscht. Für den Rest des Jahres 1676 fuhren die brandenburgischen Schiffe im Kaperdienst. 1677 beteiligten sie sich an der Belagerung von Stettin und an der Blockade von Stralsund, wobei die schwedische Galeote „Eichhorn", bestückt mit zwölf Kanonen, erbeutet wurde.

Anfang September 1678 versammelte sich die gesamte kurbrandenburgische Flotte bei Peenemünde, um bei der Eroberung Rügens Verwendung zu finden. Das stattliche Aufgebot umfaßte 210 Segelfahrzeuge und 140 Ruderschaluppen. Kriegsschiffe zählte man neun, nämlich den „Friedrich Wilhelm" mit 60 Kanonen, die „Dorotea" mit 42, den „Churprinz" mit 42, den „Goude Leeuw" mit 32, den „Roode Leeuw" mit 20, den „Fox" mit 20, den „Dragon" mit 24, die „Berlin" mit 16 und die „Prinzeß Marie" mit 12 Kanonen. Bestückt waren ferner 2 Brander mit 12, 2 Galeoten mit 8 und noch 14 verschiedene Schiffe mit je 4 bis 16 Kanonen. Das übrige waren Transportfahrzeuge. Als Berater für die Führung der Flotte hatte sich der von Kriegsruhm hell umstrahlte niederländische Admiral Cornelis Tromp zur Verfügung gestellt. In den Tagen vom 9. bis 11. September wurde die Einschiffung der Landtruppen in Stärke von 8000 Mann vorgenommen. Der Große Kurfürst, der Kurprinz und Feldmarschall Derfflinger befanden sich an Bord einer neuen kurfürstlichen Jacht. Tromp setzte seine Flagge auf der Fregatte „Churprintz". Das gesamte Aufgebot wurde in einen „rechten Flügel" unter roter Flagge, in ein „Mittelstück" unter weißer Flagge und in einen „linken Flügel" unter blauer Flagge eingeteilt. Eine Stunde vor Hellwerden ertönten von der kurfürstlichen Jacht drei Kanonenschüsse: das Signal zum Ankerlichten. Es wurde zunächst Kurs auf Palmer Ort abgesetzt, ein Scheinmanöver, um die Streitkräfte des Gegners dorthin zu locken. Als eigentlicher Landungsplatz war von vornherein die Bucht von Putbus vorgesehen. Leider hatte man die Rechnung ohne den Wind gemacht. Die kurbrandenburgische Flotte näherte sich in bester Ordnung ihrem ersten Angriffsziel. Die List war geglückt, in hellen Haufen standen die Schweden zur Abwehr bereit. Von beiden Seiten begannen die Geschütze zu sprechen. Über dreihundert Schuß verfeuerten die Schweden. Sie trafen die kurfürstliche Jacht, der brandenburgische Oberstleutnant Krummacher fiel. Das Ganze blieb jedoch nur ein Scharmützel. Als Tromp dann aber das Scheingefecht abbrach, um sich gegen Putbus zu wenden, da schlief der Wind so vollständig ein, daß man gezwungen war, die großen Schiffe aus dem Feuerbereich der Schweden zu schleppen. Erst am nächsten Morgen verlohnte es sich, Anker auf zu gehen. Hart beim Winde steuerte man nach der Bucht von Putbus. Bei dem Dorfe Neukamp wurde unter den rollenden Salven der großen Schiffe, die sich des flauen Windes wegen zuletzt wieder schleppen lassen mußten, mit Erfolg gelandet. Mit Schaufeln, Spaten und Picken halfen die Soldaten den Bootsgasten rudern. Nahe beim Strande sprangen die Stürmenden ins Wasser. Eine schwedische Batterie wurde überrannt. Binnen zwei Stunden, eine vortreffliche Leistung, war die gesamte Streitmacht einschließlich der Pferde und Geschütze ausgeschifft. Graf Königsmark von den Schweden eilte mit acht Schwadronen und vier leichten Geschützen mit verhängten Zügeln herbei. Angesichts der Übermacht der Deutschen gedachte er sich jedoch kampflos zurückzuziehen. Der alte Derfflinger strich aber eine andere Fiedel, er setzte ihm eilends mit zwei Schwadronen nach und zauste die Schweden tüchtig am Fell: eine Standarte, ein Geschütz und mehrere hundert Gefangene blieben in seiner Hand! Kaum war Rügen vollends erobert, als der Große Kurfürst zur engen Einschließung Stralsunds schritt. Auch hierbei leistete die Flotte wertvolle Hilfe. Ihrem Erscheinen war es zu danken, daß der Dänholm von den Schweden kampflos geräumt wurde. Außerdem beteiligten sich die Schiffe an der nicht vermeidbaren Beschießung der Stadt. Ihre Ziele waren der Hafen und die Frankenvorstadt. Am 20. Oktober 1678 zog der Große Kurfürst siegreich in Stralsund ein.

Es ist bekannt, daß der Friede von St. Germain en Laye dem Herrscher auf Brandenburgs Thron alle Eroberungen in Pommern wieder entwand und sie an Schweden zurückgab. Dadurch schien die Flotte dem Untergang geweiht. Einzig auf Pillau und Königsberg vermochte sie sich nicht zu stützen, Plätze, die um ihrer Lage willen sowohl militärisch wie handelspolitisch denkbar ungünstig waren. Der Große Kurfürst verzagte trotzdem nicht. Bereits im Jahre 1680 errichtete er in Königsberg eine Handelsgesellschaft, deren Aufgabe es sein sollte, den überseeischen Handel unter Kurbrandenburgs Flagge zu betreiben. Zu diesem Zweck sollten zehn Handelsschiffe erbaut werden. Ein Kommerz- und Admiralitätskollegium übernahm die Leitung der Geschäfte. Es fehlte aber an allen Ecken und Enden an Geld. Der überstandene Krieg hatte die Staatskassen geleert. Da nun Spanien dem Großen Kurfürsten bereits seit sechs Jahren nicht weniger als 1,8 Millionen Taler gewährter Subsidien schuldete, so beschloß der tatkräftige Herrscher die zwangsweise Beitreibung seiner Forderungen. Unter dem Kommando eines Holländers, des Cornelis Claes van Bevern, der offenbar ein Landoffizier war, wurde ein Geschwader von sechs Fregatten mit der Aufgabe betraut. Es waren dies die Schiffe „Churprinz", „Dorotea", „Friedrich Wilhelm", „Roode Leeuw", „Fox" und „Berlin". Die Gesamtbestückung betrug 160 Geschütze, die Gesamtbemannung 685 Mann. Bevern erhielt den Auftrag, zunächst vor Dünkirchen auf spanische Schiffe Jagd zu machen und später vor Cadix zu kreuzen. Das Geschwader lief bei der Ausreise Kopenhagen an. Es erregte dort solches Aufsehen, daß sich der König von Schweden bemüßigt fühlte, in Dänemarks Hauptstadt vorstellig zu werden. „Bisher habe noch niemand als die nordischen Kronen", so ließ er sagen, „das Dominium maris baltici gehabt. Es sei zu fürchten, daß des Kurfürsten Armatur in der Ostsee mit der Zeit so zunehme, daß den nordischen Kronen ein Präjudizium daraus entstehen dürfte." Der dänische Großkanzler teilte diese Verlautbarung dem brandenburgischen Gesandten mit und fügte seinerseits hinzu: „man wolle wegen der sechs Fregatten kein Aufhebens machen, doch würde es Händel setzen, wenn Brandenburg mit dem Bau größerer Schiffe begönne." Man erkennt hieraus, daß es Deutschland auch früher schon an Neidern nicht gefehlt hat. Das brandenburgische Geschwader war inzwischen längst wieder unter Segel gegangen. Das Glück war ihm hold. Bei Ostende schnappte es einen fetten Bissen weg, das spanische Schiff „Carolus Secundus", das in beschaulicher Ruhe mit wertvoller Ladung, Spitzen und Leinewand, zu Anker lag. Die Fregatte „Friedrich Wilhelm" griff als erste an. Die Fortnahme scheint unblutig verlaufen zu sein. Als Eroberer ist in dem knappen Gefechtsbericht der Fähnrich Erasmus Müller von der Dönhoffschen Leibkompanie angegeben. Claes van Bevern hielt es nun seltsamerweise für angezeigt, die gute Prise selbst nach Pillau zu begleiten. Er tat dies mit den Fregatten „Friedrich Wilhelm" und „Dorotea", das Kommando über die vier anderen Fregatten übertrug er Cornelis Reers. Die Ladung des „Carolus Secundus" brachte nicht weniger als 100000 Taler ein. Das Schiff selbst wurde unter dem Namen „Markgraf von Brandenburg" in den Bestand der Flotte eingereiht. Spanien, England und Schweden grollten ob des Vorfalls und redeten von „seeräuberischer Freiheit" und „grobem Friedensbruch". Man sieht, die Künste der Propaganda wurden damals schon betrieben. Der Große Kurfürst ließ sich aber nicht beirren. Er schrieb einen deutlichen Brief nach Madrid, daß er nur deshalb zu dem äußersten Rechtsmittel habe greifen müssen, weil alle seine Vorstellungen und Bemühungen, zu „einer rechtmäßigen Satisfaktion" zu gelangen, vergeblich gewesen seien. Den gleichen Standpunkt ließ er auch durch seine Diplomaten an den fremden Höfen vertreten. Der politische Sturm flaute daraufhin ab. Cornelis Reers hatte sich mittlerweile mit seinen vier Fregatten nach Westindien auf den Weg gemacht. Das Geschwader brachte während dieser Kreuzfahrt jedoch nur eine einzige und dazu noch magere Prise auf und kehrte dann nach Pillau zurück. Am 20. April 1681 ging unter Befehl des Kapitäns Johann Lacher ein neu in Dienst gestellter Verband in See. Er setzte sich aus der Fregatte „Prinzeß Marie" und den Galeoten „Wasserhund" und „Eichhorn" zusammen. Lacher kreuzte vor Ostende und der Scheldemündung und hielt viele Schiffe an. Da es aber meist Holländer waren, überwogen die Beschwerden der Generalstaaten den militärischen Erfolg. Der Verband wurde im Sommer von einem Geschwader unter Kapitän Thomas Alders aufgesucht, das sich aus dem „Friedrich Wilhelm" mit 60 und dem „Markgrafen von Brandenburg" mit 40 Kanonen, aus dem „Fox" und dem „Roode Leeuw" mit je 20 Kanonen sowie aus mehreren schnellsegelnden Avisschiffen zusammensetzte. Auf der Höhe von Calais trafen sich die beiden Verbände. Alders ergänzte seinen Mannschaftsbestand aus den Lacherschen Schiffen und segelte dann weiter durch den Kanal und südwärts, während Lacher vor Ostende blieb. Die sehr ausführliche Instruktion, die dem Kapitän Alders mitgegeben worden war und nicht nur militärische, sondern auch politische und zeremonielle Fragen umfaßte, ging in ihrem Kernpunkt ebenfalls dahin, die Schulden, die Spanien an Brandenburg hatte, durch Mittel der Gewalt einzutreiben. Es kamen hierfür in Betracht das Abfangen eines spanischen Geleitzuges, den man in Ostende vermutete, oder die Beschlagnahme einer Silberflotte, die von Westindien zurückerwartet wurde. Alders kreuzte längere Zeit beim Kap St. Vincent. Als Stützpunkte standen ihm die portugiesischen Häfen offen. In Spanien erkannte man sofort, worum es ging, man rüstete in aller Eile unter Befehl des Admirals de Villafiel eine Flotte von zwölf größeren Kriegsschiffen aus, um die Brandenburger zu verdrängen. Am 30. September 1681 kamen die Schiffe in Sicht voneinander. Alders hielt die Spanier für die Silberflotte und ging Hals über Kopf zum Angriff vor. Seinen Irrtum wurde er sehr bald gewahr. Trotzdem hat er sich zwei Stunden mit dem vielfach überlegenen Gegner wacker herumgeschlagen, um sich dann durch eine geschickte Wendung der drohenden Überwältigung zu entziehen. Unter Verlust von 10 Toten und 30 Verwundeten lief er nach Lagos ein. Wenige Tage später ging er bereits wieder in See. Inzwischen war es den Spaniern aber geglückt, die gefährdete Silberflotte nach Cadix einzubringen. Nach sechs Monaten kehrte Alders mit seinen Schiffen nach Pillau zurück, ohne etwas erreicht zu haben. Der Große Kurfürst verzichtete nunmehr auf die Fortsetzung des Kaperkrieges. Er spürte, daß sich Widerstände zusammenballten, die ihm hätten verderblich werden können. Sein allezeit tatenfroher Geist wandte sich anderen Aufgaben zu: es folgte die Zeit der kolonisatorischen Bestrebungen von Kurbrandenburg an Afrikas Küste. Zu kriegerischen Unternehmungen auf See kam es hierbei nicht mehr. Für den Ausbau der Flotte geschah hingegen viel. Im Jahre 1684 wurden Benjamin Raule 9 Schiffe abgekauft, von denen 7 Neubauten waren. Bis dahin hatte immer noch ein Mietvertrag gegolten. Die Kaufsumme betrug 109340 Taler. Insgesamt verfügte Kurbrandenburg nunmehr über 17 seegehende Schiffe. Es hat nach Kräften und mit anerkennenswerter Zähigkeit Nutzen aus seiner Seemacht gezogen, so lange der Große Kurfürst mit starker Hand und weitschauendem Blick am Ruder des Staatsschiffes stand.

Admiral Bernd Jakobsen Karpfanger

Zu Beginn des 17. Jahrhunderts war die einst so stolze Hanse, die Königen ihren Willen aufgezwungen hatte, völliger Auflösung und Ohnmacht anheimgefallen. Die Seestädte, die trotzdem vom Seehandel nicht lassen konnten, weil er der Quell ihres Wohlstandes war, trugen daran schwer, insonderheit Hamburg. Mit politischen Gegnern suchte man keine Fehde mehr; was aber sonst auf den Meeren vorging, bereitete dem Überseekaufmann schwere Pein. Im Mittelmeer hatte sich von den Küsten Algiers, Tunis und Tripolis aus ein Korsarentum breitgemacht, das in Wahrheit am Lebensnerv der Seeschiffahrt nagte. Die Niederländer hatten einen förmlichen Krieg gegen die Barbaresken geführt. Kein Geringerer als Admiral De Ruyter war hiermit beauftragt worden. Er hatte die braunen Gesellen zu einem demütigenden Frieden gezwungen. Um so frecher und tatendurstiger gingen die Korsaren nunmehr gegen den vogelfreien Handel vor. Sie segelten selbst bis in die Nordsee, kaperten deutsche Schiffe und verschleppten die Mannschaften in die Sklaverei. Bremen beschränkte daraufhin seine Seefahrt auf die Nordsee, Lübeck sogar auf die Ostsee. Man ging England, Dänemark und die Niederlande um Schutz an. Ein höhnisches Achselzucken war die Antwort: „Helft euch selber!" Die alte Lehre: der Starke hat Neider, der Schwache sicherlich keine Freunde!

Hamburg raffte sich auf. Auf eigene Kosten baute es in den Jahren 1667—1669 zwei Kriegsfregatten, den „Kaiser Leopoldus" und „Das Wappen von Hamburg". Beide Schiffe waren 140 Fuß lang und 40 Fuß breit. Ihre Bestückung bestand aus 54 schweren Geschützen. Die Besatzung setzte sich aus je 230 Mann zusammen. Damit war gegen die Korsarengefahr eine ansehnliche Waffe geschmiedet. Noch wichtiger war aber, daß die Schiffe einen Führer erhielten, der zu den tüchtigsten Seehelden deutscher Geschichte gehört.

Der Admiral Bernd Jakobsen Karpfanger war 1623 zu Hamburg geboren. Sein Vater war Schiffskapitän. Mit 15 Jahren ging der Sohn zur See, nachdem er eine sorgfältige und wissenschaftliche Erziehung genossen hatte. Als Grönlandfahrer machte der junge Bernd beim Walfang eine harte Schule durch. Er strebte jedoch höher hinaus. Die Beschränkung der Seefahrt von Hamburg aus, wie sie sich aus der Schutzlosigkeit der Schiffe ergab, sagte ihm nicht zu. Seine Blicke richteten sich verlangend nach den Niederlanden, woher seine Familie vor hundert Jahren nach Hamburg eingewandert war. Der Vater erhob keine Einwendungen. So verließ Bernd, siebzehn Jahre alt, das von der großen Welt abgeschlossene Hamburg, um voller Hoffnungen und Pläne nach den freien Niederlanden zu reisen. Das Schicksal bescherte ihm einen Kapitän, wie er sich einen besseren nicht wünschen konnte: Michael De Ruyter, der zu jener Zeit noch als Führer eines Handelsschiffes fuhr. Die Reise ging nach Brasilien und Westindien. De Ruyter hatte bald ein Augenmerk auf seinen jüngsten Matrosen und ließ es sich angelegen sein, ihn in der Steuermannskunst auszubilden. Auf dieser Reise war es aber auch bereits, wo Bernd Karpfanger seine Feuertaufe erhielt. In den westindischen Gewässern trieben damals die Flibustier ihr Unwesen. Zehn Meilen von Martinique entfernt traf man mit zweien ihrer Fahrzeuge zusammen. De Ruyters Unerschrockenheit und taktisches Geschick bewährten sich in diesem Gefecht aufs beste. Die Seeräuber segelten in einem Abstande von mehreren hundert Metern voneinander. Den vordersten rammte De Ruyter mit einem völlig überraschenden Manöver über den Haufen, den zweiten erledigte er mit Geschützfeuer. Bernd Karpfanger erwies sich hierbei als ein trefflicher Schütze. Die beiden Flibustierschiffe sanken mit Mann und Maus. In Martinique wurde De Ruyter ob seiner Heldentat begeistert gefeiert. Auf der Heimreise reihte er eine zweite Tat der ersten würdig an. Bei der Einfahrt in den Kanal begegnete man zwei Dünkirchener Kapern, die eine holländische Prise aufgebracht hatten. De Ruyter ergriff bei geschlossenen Stückpforten scheinbar die Flucht, trennte die Kaper dadurch voneinander, schoß dann den einen flügellahm, verjagte den zweiten und kehrte nicht nur mit der befreiten holländischen Prise, sondern auch mit dem zusammengeschossenen Dünkirchener Kaper nach den Niederlanden zurück. Dieses Gefecht wurde zum unmittelbaren Anlaß, daß De Ruyter in den Staatsdienst übertrat, wo er schon einmal Verwendung gefunden hatte. Er wurde zum Dritten Admiral, zum Contre-Admiral der holländischen Flotte ernannt. Karpfanger folgte seinem Kapitän. Er wurde als Steuermannsmaat an Bord von De Ruyters Flaggschiff „Der Hahn" übernommen. Im August 1641 ging die Flotte der Generalstaaten unter Admiral Gysels in See. Beim Kap St. Vincent kam es am

4. November zu einem schweren Treffen mit den Spaniern, das durch De Ruyters eisernen Willen siegreich beendet wurde. Der verdiente Mann zog sich trotzdem ein zweites Mal vom Kriegsdienst zurück, um als alleinsegelnder Handelsschiffskapitän zu fahren. Karpfanger nahm er als seinen Steuermann mit. Volle zwei Jahre genoß der junge Hamburger noch die Schule, wo er unter einem der tüchtigsten Seeleute aller Zeiten lernte, dann mußte er nach seiner Vaterstadt zurückfahren: der Tod des Vaters rief ihn ab.

In Hamburg war ihm ein trauriger Empfang beschieden. Die Reederei des Vaters war vom Unglück verfolgt gewesen. Schiffe waren verlorengegangen, das Vermögen war zusammengeschmolzen. Ein einziges Fahrzeug war noch seefähig. Karpfanger stellte es in Dienst, sofort bereit, von neuem aufzubauen. Im Jahre 1648 trat er seine erste große Fahrt an. Sie führte ihn nach Brasilien, später folgten Reisen nach dem Mittelmeer, nach der Westküste von Afrika und nach Westindien. An Bord des Karpfangerschen Schiffes herrschte ganz nach De Ruyters Gepflogenheit echter Kriegsschiffsdienst. Er verfügte über fünfzig Mann, die für ihn durchs Feuer gingen. Zwölf Geschütze, Achtzehnpfünder, machten die Bestückung aus. Sieben Jahre im ganzen segelte Karpfanger mit seinem Schiff. Kein Korsar wagte ihm in den Weg zu treten, so stattlich nahm sich das Fahrzeug schon rein äußerlich aus, so straff wurde es geführt.

Als Karpfanger nach diesen sieben Jahren für längere Zeit nach Hamburg zurückkehrte, war er, was man so sagt, ein gemachter Mann, der sich auf eigene Rechnung ein Schiff bauen ließ. Seine Vaterstadt ehrte ihn in besonderer Weise: die Brüderschaft der seefahrenden Schiffer wählte ihn zu ihrem Schiffer-Alten, zu ihrem Vorstand. Abermals sieben Jahre später wurde er von Senat und Bürgerschaft einstimmig zum Mitglied der Hamburger Admiralität und zum Beisitzer der Konvoy-Deputation ernannt. Damit erschloß sich ihm ein neuer und sehr umfangreicher Pflichtenkreis, so daß er die Seefahrt vorerst einmal an den Nagel hing. Die große Barbareskennot war es dann, die ihn von neuem aufs Wasser führte. Auf Karpfangers Betreiben wurden die beiden Fregatten gebaut, deren oben bereits Erwähnung getan wurde. Vom Admiral De Ruyter hatte er die Pläne für die Schiffe erhalten. Hatten sich die beiden einander so ähnlichen Männer die ganzen Jahre über auch nicht mehr wiedergesehen, so verband sie doch unlösbare Freundschaft. Für den Dienst an Bord der beiden Fregatten, die den Konvoydienst für die arg gefährdete Handelsschiffahrt übernehmen sollten, hatte Karpfanger eingehende und sich streng an das Kriegsschiffsmäßige haltende Anleitungen ausgearbeitet, die ob ihrer Strenge überraschen, der Zeit aber angepaßt waren und beste Früchte tragen sollten. Fünf Jahre lang haben die beiden Fregatten ihren Geleitdienst versehen, ohne einen kriegerischen Zusammenstoß mit den Barbaresken zu erleben. Als der Kapitän Dreyer vom „Kaiser Leopoldus" starb, trug der Hamburger Senat Karpfanger die Führung des Schiffes an, weil man keinen besseren Mann habe. Zugleich wurde für ihn der Titel Admiral geschaffen, um darzutun, daß er der Seegebietende der gesamten Hamburger Schiffahrt sein sollte. Am 14. Juli 1674 erhielt der also Geehrte seine Bestallung. Der Erste Bürgermeister überreichte ihm einen Admiralstab und umgürtete ihn mit einem silbernen Degen, und der Neuernannte schwor den Eid: „Ich will bei der meiner Admiralschaft und Verteidigung anvertrauten Flotte mannhaft stehen und eher Gut und Blut, Leib und Leben opfern, als sie oder mein Schiff verlassen." Von diesem Gelübde ist er trotz mancher schwierigen Lage bis an sein Lebensende nicht abgewichen.

Schon auf seiner ersten Reise hatte er beim Kap St. Vincent ein Zusammentreffen mit Korsaren, die es jedoch angesichts des straff militärischen Verhaltens des „Kaiser Leopoldus" auf keinen scharfen Gang ankommen ließen. Karpfanger berichtete hierüber humorvoll: »Die Türken zogen ab, weil der „Kaiser Leopoldus" ein gar zu ernsthaftig Gesicht machte und sie keine Weitschweifigkeit mit ihm bestehen wollten.« Zum ersten Male sollten die Kugeln der beiden hamburgischen Fregatten gegen Dünkirchener Kaper sprechen. Es war im Jahre 1678. Karpfanger kehrte mit einem Konvoy von fünfzig Schiffen aus den grönländischen Gewässern heim. Man hatte nicht weniger als 550 Wale harpuniert, führte also eine recht beachtenswerte Beute an Bord. Nahe der Elbmündung tauchten fünf verdächtige Segler auf, große Kerle. Bald ließ sich die französische Flagge ausmachen. Nun wußten die Hamburger, daß eine ernste Stunde geschlagen hatte. Karpfanger ließ den Konvoy in Lee sammeln. Er befand sich mit dem „Kaiser Leopoldus" allein bei den Grönlandfahrern. Im selben Augenblick, als der vorderste Kaper einen Warnungsschuß zur Übergabe löste, griff Karpfanger aber auch schon an. Es wurde ein hitziger Kampf, zunächst nur mit zweien von den Gegnern, da die anderen zu weit abstanden. Mit geschickten seemännischen Manövern suchte und fand Karpfanger seinen taktischen Vorteil. Die Franzosen feuerten ihm hauptsächlich in die Takelage, um ihn manövrier-

„Kaiser Leopoldus" im Kampf mit den Franzosen auf der Elbe

unfähig zu machen. Allerhand Tauwerk wurde dabei zwar zerschossen, auch die Vorbramstenge kam von oben. Vorzüglich geschulte Takler beseitigten aber mitten im Kampf den Schaden, so daß der Feind keine Vorteile gewann. Die hamburgischen Geschützmeister zielten hingegen auf Deck und Rumpf des Feindes, mit dem Erfolge, daß die beiden Angreifer voll Wasser liefen und sanken. Der Rest der Franzosen wandte sich daraufhin zur Flucht. Karpfanger hetzte unter vollem Segelpreß hinter ihnen her, um dem einen von ihnen noch mit seinen Achtzehnpfündern einen tüchtigen Denkzettel ins Heck zu versetzen. Dann gab er die Verfolgung auf. Er mochte sich nicht allzuweit von seinem Geleitzug entfernen. Der „Kaiser Leopoldus" zählte ein Dutzend Treffer im Rumpf, hatte aber nur den Verlust von zwei Toten und fünf Verwundeten zu beklagen. Die Begeisterung, die das Schiff in Hamburg empfing, war ohnegleichen. Die Volksmenge geleitete Karpfanger bis zum Rathause, ein hoher Senat zollte ihm ehrenden Dank.

Das Jahr darauf, 1679, ist nun für uns, die wir die Geschichte der deutschen Seefahrt verfolgen, von besonderer Bedeutung; leider nicht von erhebender, denn wir erhalten aus der Schilderung von Karpfangers Leben und Taten einen Einblick in Verhältnisse deutscher Zerrissenheit, die es abermals begreiflich machen, warum es gerade dem deutschen Volke so ungemein schwer fallen mußte, seinen Platz an der Sonne zu erobern, den man ihm selbst heute noch mißgönnt. Der Große Kurfürst meldete bei Hamburg eine Forderung auf 125000 Taler rückständiger Gelder an, die die Stadt ihm schuldete. Die Zahlungspflicht wurde nicht bestritten, die Zahlungsleistung erfolgte jedoch in derart säumiger Form, daß der allezeit tatkräftige Herrscher drei Schiffe seiner Kriegsflotte in See schickte, um auf Hamburger Kauffahrer zu fahnden. Es ergab sich also das traurige Bild, daß der Deutsche gegen den Deutschen auf der freien See Handelskrieg führte. Der Erfolg der Maßnahme blieb nicht aus: Hamburg bequemte sich zu sofortiger Zahlung. Dem „Kaiser Leopoldus" erteilte der Senat aber Befehl, weiteren Kaperungen durch Dazwischentreten, jedoch ohne Kampf, vorzubeugen. Zu einer eigentlichen Kriegführung kam es demnach nicht. Immerhin ist die betrübliche Tatsache festzuhalten, daß die beiden Hamburger Fregatten wochenlang gegen die kurbrandenburgischen Schiffe, denen sie an Gefechtsstärke überlegen waren, die See hielten. Ein Zusammentreffen der beiden verkappten Gegner endete — wir müssen dem Schicksal dankbar dafür sein — mit einem steifen Besuchsaustausch, bei dem Karpfanger es nicht unterließ, die Brandenburger Herren auf dem im „Klarschiffzustande" befindlichen „Kaiser Leopoldus" zu empfangen.

Das Schicksal wollte es, daß Karpfanger bei seiner nächsten größeren Unternehmung der spanischen Krone einen unschätzbaren Dienst erwies. Eine Silberflotte war auf der Heimreise begriffen. Nahe der spanischen Küste segelte sie sorglos dahin, in völlig aufgelöster Ordnung, bei achterlichem Winde. Über zwei weit zurückgebliebene Galeonen fielen drei schwerbewaffnete und starkbemannte Korsaren her, enterten sie und führten sie davon, ehe die vorderen Spanier des ungünstigen Windes wegen zur Hilfe herankommen konnten. Karpfanger, der wieder einmal einen Konvoy nach dem Mittelmeer geleitete, hatte den Kanonendonner vernommen. Er schoß heran, übersah die Lage, schickte seine Handelsschiffe zu den vorderen Spaniern und verlegte selbst mit dem „Kaiser Leopoldus" den Barbaresken den Weg. Er bot dabei alle seemännische Geschicklichkeit und Erfahrung auf, um die Räuber zu überholen. Es kam zum Kampf. Ein paar wohlgezielte Breitseiten genügten, um den braunen Gesellen ihre Beute abzujagen. Als Siegespreis forderte Karpfanger für sich die Überlassung der Prisenmannschaft, die von den Barbaresken auf die spanischen Galeonen gesetzt war. Im ganzen waren es 60 Mann. Karpfanger tauschte sie später gegen Hamburger Seeleute aus, die in algerischer Gefangenschaft schmachteten. Seine

Tat war um so großherziger, als in Hamburg eine besondere Loskaufkasse bestand, deren Mittel aber erschöpft waren. Der König von Spanien entbot den deutschen Admiral auf Grund seines wackeren Verhaltens nach Madrid, wo er ihn mit einer goldenen Ehrenkette schmückte und tagelang als seinen Gast bewirtete und ehrte.

Die letzte Reise, die Karpfanger unternahm, sah ihn an Bord des „Wappen von Hamburg", da der „Kaiser Leopoldus" einer Grundinstandsetzung unterzogen werden mußte. Leider ist es Pflicht des Chronisten, zu berichten, daß es dem hochverdienten Mann nicht anders erging, wie so manchem Wegebereiter vor ihm. Es fanden sich Neider in seiner Vaterstadt, die ihm, dem Rechtschaffensten aller Rechtschaffenen, das Leben sauer machten, indem sie sich plumpe Verleumdungen aus den Fingern sogen. Bei gutem Wetter verließ er die Heimat. Das Wetter veränderte aber sehr bald sein Gesicht, so daß er berichtete, „dem Allmächtigen gefiele es nicht, ihn mit den gewünschten Winden zu favorisieren". Auf der Höhe von Plymouth sprang eines seiner Schiffe leck, so daß er in den Hafen einlaufen mußte, um das havarierte Schiff vor dem Untergang zu bewahren. Hinterher hielten ihn dann die widrigen Winde über das gewöhnliche Maß hinaus fest. Allsogleich fing die Schar der Neidhämmel an zu blöken, „seine Spezialinstruktionen hätten für Plymouth keine Liegetage vorgesehen". Die Erwiderung, die Karpfanger unterm 24. September 1683 erteilte, spricht in einer Weise für ihn, daß sie im Auszuge hierhergesetzt sei. „Es versteht sich von selbst", so schrieb er, „daß ich ein meiner Obhut anvertrautes Schiff nicht leck und in sinkendem Zustande auf offenem Meer zurücklassen darf, und außerdem ist in meiner General-Instruktion das von mir beobachtete Verfahren ausdrücklich vorgeschrieben. Mit Gott kann ich bezeugen, wie treulich ich es mit unserer guten Stadt jederzeit gemeint, auch mit was Sorgfalt ich deren Wohlfahrt beobachtet und unnötige Kosten zu verhüten getrachtet; ich will mein äußerstes Vermögen zur schleunigen Heimfahrt anwenden, das übrige der beliebigen Direktion des Allerhöchsten befehlend." Das Schicksal wollte es, daß dies das letzte Schreiben des Admirals an seine Behörde blieb. Als er vor Cadiz ankerte, setzte eine Feuersbrunst an Bord des „Wappen von Hamburg" seinem Leben ein Ende.

Es war am 10. Oktober 1683. Karpfanger weilte an Bord. Er hatte gute Freunde aus der Stadt zu einem Abschiedsmahl eingeladen, da er am nächsten Tage heimwärts in See gehen wollte. Just in dem Augenblick, wo man die Tafel aufhob — es war gegen 8 Uhr — gellte der Ruf:

Das Flaggschiff Karpfangers „Wappen von Hamburg"
geht brennend im Hafen von Cadiz unter

„Feuer im Schiff!" durch die Decke. Der Brandherd lag im Vorschiff, und zwar tief unten im sogenannten Kabelgatt, dem Aufbewahrungsort für Tauwerk. Karpfanger war im Handumdrehen zur Stelle, um die Löscharbeiten zu leiten. Das geteerte Tauwerk schwelte aber bereits in gefährlicher Weise. Noch schlimmer war jedoch, daß das Feuer auf mit Öl und Fett gefüllte Fässer übergriff. Aus den Luken quollen dichte, übelriechende Rauchwolken empor. Die Schiffsbesatzung arbeitete mit größter Anstrengung, um des Brandes Herr zu werden. Karpfanger erkannte aber nur zu bald, daß das Schiff ohne fremde Löschhilfe verloren sein würde. Notschüsse polterten durch die Abendstille. Man verständigte die anderen im Hafen liegenden Schiffe. Etliche schickten auch Boote. Als man jedoch den Ernst der Lage übersah, da ergriffen die Fremden die Flucht. Man wußte, das Hamburger Schiff hatte Pulverkammern an Bord. Flogen die in die Luft, dann konnte man womöglich selbst schweres Ungemach erleiden! Karpfanger erinnerte seine Leute an den geleisteten Eid. Sie hielten auch getreulich aus. Aber die Kraft der Menschen erschöpfte sich an der fressenden Feuersglut. Zwei Stunden hatte man vergeblich gekämpft. Die Schiffsoffiziere beschworen den Admiral, man müsse die Fregatte verlassen, schon züngelte das Feuer rings um die Wände der Pulverkammer. Er erwiderte: „Ich kenne meine Pflicht und weiß, was ich zu tun habe, die Ehre steht mir höher als das Leben. Ich werde das Schiff nicht verlassen, solange es noch zusammenhält." Er gab den Befehl, die Ankertaue zu kappen, damit die Fregatte an Land triebe. Kaum war dies geschehen, als auch schon der vom Feuer unterwühlte Fockmast zusammenstürzte. Gleichzeitig erfolgte eine erste Explosion. Sie blieb schwach, da das Pulver von Wassermassen übergossen worden war. Jetzt leckten die Flammen aber frei über Deck und fanden den Weg in die Takelage. Die Leute stürzten in die Boote oder sprangen über Bord. Karpfanger wurde noch einmal gesehen, wie er sich zur Kajüte begab. Um Mitternacht stand das ganze Schiff in Flammen, eine Riesenfackel über dem Wasser. Wer zusah, dem verschlug sich schier der Atem. Dann barst das „Wappen von Hamburg" mit ohrenbetäubendem Krach auseinander: das Flammenmeer hatte das Pulver in der achteren Kammer zur Entzündung gebracht. — Am Morgen darauf trieb eine Leiche gegen ein englisches Schiff: es waren die sterblichen Überreste des wackeren Admirals, eines Helden ohne Fehl und Tadel. Von der Besatzung waren insgesamt siebzig Mann ums Leben gekommen, fast die Hälfte von ihnen war ertrunken.

Die Stadt Cadiz sorgte für eine würdige Trauerfeier, an der alle im Hafen liegenden Schiffe teilnahmen. Und Spaniens König ordnete an, daß über Karpfangers Grab ein Denkmal errichtet werden sollte. Das Denkmal hat 125 Jahre an Ort und Stelle gestanden. Während der Kriegswirren von 1808 fiel es der Vergrößerung des Forts Puntales zum Opfer. Hamburg hat seinem wackeren Sohne an der Kersten-Miles-Brücke ein Standbild errichtet. Möchten es recht viele beschauen und sich dabei der Binsenwahrheit erinnern, daß ein großes Volk wie das deutsche, das ein ausgedehntes Küstengebiet sein eigen nennt und seiner blühenden Industrie wegen auf den Überseehandel angewiesen ist, ohne Seemacht nicht bestehen kann. Das Schicksal hat ihm die Aufgabe gestellt, nicht nur an Land, sondern gleichermaßen auf dem Wasser seine besten Kräfte zu pflegen und zu regen.

Preußen zur See unter Friedrich dem Großen

Es muß zugegeben werden, daß die Unterhaltungskosten für die kurbrandenburgische Flotte vom Staatssäckel nur schwer aufzubringen waren. Die Hoffnung, die man in dieser Hinsicht auf den Erwerb von Kolonien als Einnahmequellen setzte, erfüllten sich nicht. Vielleicht hätte man mehr Geduld zeigen müssen, bis die „Kassa sich vergrößerten". Auch die Gründung einer Handelskompanie für Guinea entsprach keineswegs den Erwartungen; im Gegenteil, die Kompanie beanspruchte Zuschüsse aus dem Marinefonds. Auf alle Fälle hat die Ungunst der Verhältnisse hier sehr stark mitgesprochen. Das Übergreifen brandenburgischer Kraft und Macht auf die freie See wurde außerdem von vielen Augen scheel angesehen, nicht zum mindesten deshalb, weil es so überraschend gut glückte. Wie schnell dann hinterher der tief bedauerliche Verfall der jungen Seemacht vor sich ging, beweist am besten die Tatsache, daß die Verstärkung für die Besatzung der afrikanischen Kolonie Großfriedrichsburg, die von dem Sohne des Großen Kurfürsten entsandt wurde, bereits unter fremder, unter holländischer Flagge fahren mußte. Der Rote Adler war schon dahin, bevor die Flotte vollends verfiel. König Friedrich I. hat den Kolonialbesitz nur ehrenhalber gehalten, er hatte „seine gloire und point d'honneur darein gesetzt, das Kommerzienwerk zu kontinuieren". Seinem Nachfolger lagen solche Phrasen nicht. Eine seiner ersten Amtshandlungen war, den Verkauf der Kolonie zu verfügen. Er sprach von einer „Chimäre seines Großvaters" und von „einem großen Schaden und dem Verluste vieler Tonnen Goldes", zumal da „in Kriegszeiten mit dem Werk wegen mangelnder Eskorte gar nicht fortzukommen sei". Zum Schaden des deutschen Volkes, dessen Söhne hier wieder einmal vier Schritte rückwärts getan hatten, verbannte sich Preußen also selbst von der See. Wenn man jedoch glaubt, der Seemachtgedanke sei damit zu Grabe getragen worden, so irrt man. Der Große König hat sich bereits wieder sehr eingehend mit ihm beschäftigt, wie nachstehend dargelegt sein soll.

Friedrich II. stand schon bei seiner Thronbesteigung der See durchaus nicht fremd gegenüber, obwohl er in seinen „Memoiren zur Geschichte

1750. Stapellauf eines großen Ostasienfahrers in Emden
im Beisein Friedrichs des Großen

des Hauses Brandenburg" Kurbrandenburgs Flotte nur obenhin Erwähnung tut und ihr Dahinschwinden mit keinem Worte bedauert. Die Verhältnisse auf dem Wasser hatten sich, was den Seehandel anbetraf, nicht einmal ungünstig entwickelt; im Gegenteil, man darf von einem Aufschwung reden, der in erster Linie der wachsenden Staatsmacht zu danken war. Das Brandenburg des Großen Kurfürsten verfügte über kein Handelsschiff, das über See hätte gehen können. Das Preußen des Großen Königs stand hingegen ganz anders da. Zu Beginn des Siebenjährigen Krieges besaß Pommern allein 222 Seeschiffe, wovon über 70 auf Stettin entfielen. Der Bestand sank während des Krieges auf 119, um sich dann bis zum Jahre 1782 auf 303 zu heben. Noch eindringlicher wirken folgende Zahlen: im letzten Regierungsjahre Friedrich Wilhelms I. betrug der Umsatz des Stettiner Handels 300000 Taler, im letzten Regierungsjahre Friedrichs II. waren daraus 4,5 Millionen geworden! Friedrich hat von Anbeginn seiner Regierung an mit weitschauendem Blick für Kräftigung des Seehandels gesorgt. Auch hier sollen ein paar Zahlen sprechen. Während Königsberg noch im Jahre 1732 betont hatte, ein Bedürfnis zu eigenen Reedereien läge nicht vor, besaß es 1781 schon 59 Seeschiffe, Pillau nannte 6, Memel 19 sein eigen. Am günstigsten sah es in Ostfriesland aus. Es zählte beim Tode des

Großen Königs nicht weniger als 892 Seeschiffe mit 5400 Mann Besatzung. Somit wird es verständlich, wenn Friedrich der im Jahre 1750 in Emden gegründeten Asiatischen Kompanie sein besonderes Interesse zuwandte und es sogar nicht verabsäumte, dem Stapellauf eines großen Ostasienfahrers beizuwohnen. Damals schon feierte der Professor Friedrich Wilhelm Zachariä den preußischen Seemachtgedanken in schwungvollen Versen:

„An der Börse drängt sich die Welt zusammen. Der Kaufmann
Aus dem weitesten Indien, von den bengalischen Ufern,
Aus dem pelzreichen Norden, der kaffeereichen Levante,
Jeder bringt seinen Reichtum her; und stolz sieht der Brite
Wie der Bataver alles in seinen Ozean fließen.
Und wird immer der Deutsche, von Vorurteilen geblendet,
An bequemen Küsten des Weltmeeres sorgenlos schlummernd,
Für zu klein es halten, dem Meer Gesetze zu geben?
Und aus eigenen Magazinen die Waren zu nehmen,
Die wir vom Holländer borgen, den unser Silber bereichert?
Aber sieh! Durch ferne Meere ziehen preußische Flaggen,
Kehren beladen zurück mit allen Schätzen der Handlung
Und wehen zu der Ehre der Deutschen in jauchzenden Höhen."

Solche Verse liest man heute nur mit Bitterkeit. Das Schicksal hat uns immer wieder zurückgeschmettert. Auch der Asiatischen Kompanie war nur ein kurzes Blühen beschieden. Der Siebenjährige Krieg hat ihr den Garaus gemacht. Ihre Schiffe trugen die Namen „König von Preußen" und „Burg von Emden". Außerdem gab es noch vier kleinere Schiffe, die nach der Ostsee und dem Mittelmeer segelten. Gründer des ganzen Unternehmens war ein Franzose La Touche gewesen, ein Seitenstück zu Benjamin Raule. Einhellig mit ihm hatte aber auch der Gesandte Friedrichs bei den Niederlanden, Ammon, gewirkt. Von ihm wurde dem Könige der Vorschlag übermittelt, zum Schutze der zu schaffenden Kauffahrteiflotte eine Kriegsflotte zu gründen. Der Plan hierfür war ebenfalls von einem Franzosen, einem namhaften Seeoffizier, Mahé de la Bourdonnais, ausgearbeitet worden. La Bourdonnais hatte sich als Eroberer von Madras hervorgetan, er war sogar für den Posten des Marineministers am französischen Hofe in Frage gekommen. Ränkespiele hatten ihn aus seiner Heimat vertrieben. So bot er seine Dienste Preußens König an. Friedrich verschloß jedoch seine Ohren.

Man wird es begreiflich finden, daß er, der von Neidern und Feinden umlagert war, seinem Gesandten schrieb, derart weitgreifende Pläne entsprächen nicht seinem Interesse. Soll man daraus nun entnehmen, daß Preußens großer König dem militärischen Seemachtgedanken überhaupt fremd gegenüberstand? Die beste Antwort gibt er selbst, eines seiner politischen Testamente mag sprechen. „Ich habe mit allen meinen Kräften dafür gearbeitet", so heißt es dort, „ich glaube, daß meine Zeit vorüber ist, und ich hinterlasse diese Projekte meinen Nachfolgern, damit sie nicht glauben, daß schon alles in diesem Staate getan ist. Man wird mir einreden, daß ich immer nur von der Landarmee spreche, von der Seemacht schweige. Bis jetzt sind die Hilfsquellen des Staates kaum ausreichend, die Armee zu bezahlen, es würde jetzt ein großer politischer Fehler sein, unsere militärische Kraft zu zerrütten. Die Österreicher sind unsere wahren Feinde, und sie haben nur Landtruppen, an sie müssen wir in allen unseren militärischen Anordnungen denken. Rußland hat in der Tat eine Flotte und eine große Zahl von Galeeren. Aber unsere Küsten sind zu Landungen für sie nicht geeignet, und so kann uns ihre Flotte nichts weiteres antun, als daß sie in dem neutralen Hafen von Danzig landet und dort Truppen ausschifft, um die Verbindungen zwischen denen in Vorpommern und in Preußen zu hindern. Wären wir Herren von Polnisch-Preußen und besonders von Danzig, so würde die Sache schon anders stehen. Ich würde raten, dann an dreißig Galeeren und einige Fähren mit Batterien zu halten wie die Schweden, die mit ihnen zwischen ihren Inseln gleichsam ein Bollwerk bilden, um die Galeeren auf der Reede zu verteidigen. Man könnte außerdem acht bis zehn Fregatten halten, diese Galeeren zu eskortieren. Ich würde nicht raten, Linienschiffe zu bauen, weil man sie in der Ostsee wenig brauchen kann und sie unermeßliche Kosten verursachen; und wozu könnte man sie verwenden? Etwa zum Kriege gegen Rußland? Was kann man in diesen öden und barbarischen Gebieten der Zarin gewinnen? Sie für uns erobern, wäre Torheit; sie für andere erobern, wäre ziemlich unnütz, und wenn es geschehen sollte, so müßten die, welche dieser Eroberungen sich erfreuen sollten, ihre Schiffe und ihre Flotte dazu leihen." Diese Ausführungen sind außerordentlich klar und sachlich, vor allem, wenn man bedenkt, daß sie bereits vierunddreißig Jahre vor dem Tode des großen Fürsten niedergeschrieben wurden, also zu einer Zeit, wo es darauf ankam, alle Überlegungen in den Brennpunkt einer gegebenen politischen Lage zu stellen. Friedrich der Große ist aber noch weitergegangen. Anfangs der fünfziger Jahre hat er dem dänischen Marine-Intendanten Grafen von Danneskjold-Samsö, der 1746 aus dänischen Diensten entlassen war, angeboten, in Emden für Preußen eine Flotte zu bauen. Danneskjold schlug das Anerbieten aus, weil es ihm widerstrebte, seinem seemächtigen Vaterlande einen Nebenbuhler auf den Meeren zu schaffen.

Wir erkennen aus diesen geschichtlichen Tatsachen, daß auch zu jener Zeit der Seemachtgedanke unter dem deutschen Volke lebendig war, wo er, rein äußerlich betrachtet, abgestorben schien. Daß das Fehlen von Seestreitkräften peinlich empfunden wurde, ja daß die Ohnmacht zur See eine offene Wunde an dem sonst so gesunden preußischen Staatskörper darstellte, sollten die Kriegsereignisse im Siebenjährigen Kriege aufs deutlichste lehren. Sie zwangen Friedrich den Großen im Jahre 1759 dazu, den Ansatz zu einer Flotte über Nacht ins Leben zu rufen. Der Kampf um Pommern gab den Anstoß, insonderheit der Kampf um Stettin. Man mußte zu seinem Leidwesen erkennen, daß dem Wassergebiet eine größere Bedeutung zukam, als man es sich gedacht hatte. Die Seeherrschaft, die die Schweden rings um das Stettiner Haff auszuüben begannen, verursachte einen Druck auf die gesamte militärische Lage, der als höchst lästig empfunden wurde. Sie preßten sich mit ihrer Flotte unter dem Vizeadmiral Lagerbielke immer enger um das Küstengebiet, russische Schiffe unter dem Vizeadmiral Poljanski liehen hierbei ihre Unterstützung. Allgemach wurde es auch dem Laien in Seemachtfragen klar, daß sich aus dem Zusammenwirken von Land- und Seestreitkräften eine Kraftäußerung ergab, der man mangels entsprechender Gegenwirkung nicht gewachsen war. Der überaus tatkräftige Gouverneur von Stettin, General der Infanterie Herzog von Braunschweig-Bevern, ließ es sich darauf im Einverständnis mit seinem König angelegen sein, eine Kriegsflottille zu schaffen. Ihm kam zustatten, daß infolge des Krieges ein großer Teil der Stettiner Handelsmarine zur Untätigkeit verdammt am Bollwerk lag. Die Stettiner Bevölkerung tat ein übriges, um die empfindliche Lücke zu schließen. Führend war hier ein Kaufmann Daniel Schultz. Im ganzen wurden zwölf Fahrzeuge für den Kriegsdienst bereitgestellt, acht größere Kauffahrer und vier Barkassen (Espings). Vier von den Kauffahrern waren Galeoten, ihrer sonstigen Bestimmung nach dem Holzhandel dienende Schiffe, sogenannte Kopenhagenfahrer. Die anderen waren Galeeren, wie man die Fischerfahrzeuge benannte. Im Volksmunde hießen sie Zeesenkähne. Die Flottille wies insgesamt eine Bestückung von 124 Kanonen auf, die aus dem Stettiner Festungszeughaus stammten. Die Kanoniere waren der Landarmee entnommen, für den seemännischen Dienst gebrach es nicht an Handelsschiffskapitänen, Steuerleuten und Lotsen. Sie erhielten sämtlich Uniformen und Patente, damit sie als Teile der bewaffneten Macht rechneten. Die Kopfstärke der Flottille betrug insgesamt 616 Mann. Zum militärischen Führer wurde der Hauptmann v. Köller vom Landbataillon Sydow ernannt. Außer ihm befanden sich sieben Offiziere der Stettiner Garnison an Bord. Der seemännische Führer hieß Schwarz. Die Galeoten erhielten die Namen „König von Preußen", „Prinz von Preußen", „Prinz Heinrich" und „Prinz Wilhelm". Die Galeeren hießen „Jupiter", „Mars", „Neptunus" und „Mercurius". Die Bereitstellung dieser bescheidenen Seemacht wurde sowohl in Stockholm wie in Petersburg mit größter Aufmerksamkeit verfolgt. Preußen ließ es sich angelegen sein, zu erklären, daß die Flotte rein militärischen Zwecken dienen solle, im Kaperdienst würde sie keine Verwendung finden. Dies geschah, um Gegenmaßnahmen von vornherein nicht aufkommen zu lassen. Es sollte nicht lange dauern, bis die kleine Flottille, „Preußisches Schiffsarmement" genannt, ihre Feuertaufe empfing. Die Schweden hatten Swinemünde erobert und gedachten sich noch weiter auszudehnen. Insbesondere bestand nunmehr die Gefahr, daß sie mit ihrem Galeeren-Eskadre unter Befehl des Kapitäns Ruthensparre durch die Swine in das Stettiner Haff eindringen würden. Das Schiffsarmement gab daraufhin seine Stellung weiter westlich im Kleinen Haff auf, wo es Durchbruchversuche der Schweden durch das Fahrwasser „Elbestreck" mit Erfolg verhindert hatte, und segelte in der Nacht vom 27. zum 28. August 1759 nach dem Papenwasser der Odermündung, um nicht abgeschnitten zu werden. Hauptmann v. Köller hatte damit recht getan. Die Schweden brachen bereits in den nächsten Tagen in das Stettiner Haff ein und legten sich zunächst westlich vom Rebziner Haken, der das Kleine vom Großen Haff trennt, zu Anker. Hauptmann v. Köller war inzwischen wieder vorgerückt. Er besetzte mit seinem, man kann nur sagen gebrechlichen Armement die engste Stelle des Fahrwassers, die Stelle zwischen dem Rebziner Haken im Süden und dem Woitziger Haken im Norden, um ein weiteres Vordringen des Feindes durch diese nur 4 Seemeilen breite Enge zu verhindern. Es kam schlecht Wetter auf, Ostwind. Die Schweden rührten sich nicht, obwohl der Oberkommandierende an Land, der General Fersen, immer wieder auf Fortsetzung der Operation drängte. Dabei war das schwedische Eskadre an Größe und Zahl der Schiffe dem preußischen Armement nicht unerheblich überlegen. Es bestand aus vier großen Galeeren, der „Carlskrona" mit Ruthensparre an Bord, der „Cronenberg", „Malmoe" und „Blekinge", aus zwei Bombardiergaleoten, acht Halbgaleeren, einer Jacht und vierzehn Barkassen (Espings). Allerdings waren die Fahrzeuge insofern stark behindert, als sich unter dem Befehl des Generals Karpelan 1650 Mann Landtruppen an Bord befanden, so daß die Gesamtbesatzung 2350 Köpfe betrug. Am 10. September rückten die Schweden endlich vor. Hauptmann v. Köller erwartete sie in taktisch gut gewählter Stellung. Seine Flügel lehnten sich an seichtes Fahrwasser an. Er hatte in der Mitte seine vier Galeoten, rechts die Galeeren „Mercurius" und „Jupiter", links die Galeeren „Neptunus" und „Mars" aufgestellt. In zweiter Linie lagen die vier Barkassen. Auf allen Fahrzeugen wehte Preußens weiße Flagge mit dem schwarzen Adler. Ruthensparre stieß in Staffelformation gegen den rechten Flügel der Preußen vor, die nunmehr an Gaffel oder Rah nach altem Seemannsbrauch die rote Flagge, die „Blutflagge", zum Zeichen dafür setzten, daß sie bereit seien, den Kampf anzunehmen. Über zwei Stunden erstreckte sich der Geschützkampf. Die Galeote „Prinz von Preußen" wurde schwer getroffen, bei den Schweden flog eine Barkasse durch Pulverexplosion in die Luft. Um die Mittagszeit kam es zum Nahgefecht. Die Schweden enterten die Galeeren „Jupiter" und „Mercurius". Mit Gewehrfeuer und Handgranaten bekämpfte man sich. Eine schwedische Halbgaleere wurde hierbei in Brand geschossen. Das Schicksal des preußischen Schiffsarmements war jedoch nicht mehr zu ändern. „Jupiter" und „Mercurius" fielen in Feindeshand, der rechte Flügel war damit eingedrückt. Hauptmann v. Köller gab den Befehl zum Rückzug. Die Galeote „Prinz von Preußen" wurde hierbei zusammengeschossen. Köller wehrte sich auf ihr wie ein Held. Schließlich war es aber auch um sein Schiff geschehen. Die eilends zusammengestellte und unausgebildete Flottille war einem an Zahl stark überlegenen, geschulten Gegner nicht gewachsen. Die Unterlegenheit trat am schärfsten bei dem Rückzugsgefecht in die Erscheinung, wo sich seemännisches Geschick und die Besonderheiten der Kampferfordernisse auf dem Wasser trotz bestem Willen und zähester Tapferkeit durchaus nicht in Einklang bringen ließen. Bevor das Schiffsarmement den Schutz der Strandbatterien am Papenwasser erreichte, wurde es vollends überwältigt; nur drei der Barkassen entkamen, die übrigen Fahrzeuge fielen in Feindeshand. Um 4 Uhr nachm. war das

Gefecht im Stettiner Haff mit den Schweden

Glück des Tages zugunsten der Schweden entschieden. Sie machten an Gefangenen insgesamt 24 Offiziere und 481 Mann und bezahlten ihren Sieg mit 13 Toten und 11 Verwundeten. Auf preußischer Seite betrugen die Verluste an Toten und Verwundeten 30 Mann.

Die an sich trübe Wendung des Gefechts sollte jedoch noch ein Nachspiel haben, das den Mut, sich auch auf See zu betätigen, wieder hob; ein Nachspiel, das vor allen Dingen aber dartat, daß der Geist der Pflichterfüllung bei den Unterlegenen nicht geschwunden war. Der schwedische General ordnete an, daß die gefangenen Preußen alsbald nach Karlskrona fortgeschafft werden sollten. Auf der Überfahrt, an der eine Galeote „Schildpadde" beteiligt war, bemächtigten sich nun die 161 an Bord befindlichen Gefangenen auf offener See des Schiffes und brachten es am 22. Oktober 1759 glücklich nach Kolberg ein, so daß endgültig noch 2 Offiziere und 36 Mann vom schwedischen Eskadre in preußische Gefangenschaft gerieten. Damit aber nicht genug, kecker Wagemut holte sich noch einen zweiten Erfolg. Der Herzog von Braunschweig-Bevern ließ sich in seinem Bestreben, auch auf dem Wasser kampfkräftig zu sein, durch die Niederlage vom 10. September 1759 nicht beirren. Wenn es auch längere Zeit dauerte, so stellte er doch eine zweite Haff-Flottille zusammen. Sie bestand aus den Galeoten „Preußen" und „Schlesien", aus den Galeeren „Pallas" und „Juno", aus den Prähmen „Proserpina" und „Pluto" und aus sechs Barkassen. Die Gesamtbesatzungsstärke betrug 422 Mann. Über die Bestückung ist uns nichts erhalten geblieben. Ein Angriff auf das schwedische Eskadre, das sich im Stettiner Haff eingenistet hatte, war von dieser kleinen Streitmacht nicht zu verlangen. Sie mußte sich vielmehr darauf beschränken, im Verein mit den Strandbatterien das Papenwasser zu verteidigen. Den Leuten an Bord brannte es aber im Blut, den Schweden tüchtig eins auszuwischen. Sie suchten die Gelegenheit und schufen sie sich. Am 5. November 1761 ruderten die Kapitäne von „Preußen" und „Schlesien", Peter Groth und Friedrich Kobes mit Namen, mit fünf offenen Booten ins Haff hinaus. Siebzig beherzte Leute hatten sie sich für das Unternehmen ausgesucht. Ihr Ziel waren die schwedische Galeere „Mars" und eine Barkasse, die bei Neuwarp als vorgeschobene Wachtschiffe lagen. Behutsam pirschten sich die Preußen heran. Zwanzig Kanonen hatten die Schweden an Bord; wenn man entdeckt wurde, gab es einen heißen Empfang. Stunde nach Stunde verrann. Jeder Riemenschlag wurde nicht anders ausgeführt, als sei das Wasser aus sprödem Glas. Nichts rührte sich auf den Schweden. Die Schwärze der Nacht machte sie blind. Um 2 Uhr nachts hakten sich die fünf Barkassen längsseit fest. Schreie, Schüsse, behendes Entern, Lichtschein, ein kurzer wütender Kampf — schneller als man es selber gehofft, war der Feind überwältigt. Und als die Sonne am nächsten Morgen durch graue Novemberwolken blinzelte, lagen als viel bestaunte Beute des Handstreichs die beiden Schweden am preußischen Bollwerk. Damit fanden die Seescharmützel während des Siebenjährigen Krieges ihr Ende; ein Ausgang, der nicht nur dem Herzog von Braunschweig-Bevern, sondern auch seiner Haff-Flottille eitel Freude bereitete.

Friedrich der Große hat nach dem Friedensschluß seine Seehandelspolitik in ähnlicher Weise fortgesetzt, wie er sie vor dem Kriege begonnen hatte. Allerdings glaubte er, auf den Handel nach China verzichten zu müssen. Dem war aber nicht so. Die Emdener Handelsherren wagten sich vielmehr bald genug wieder vor, ihre Schiffe liefen Bengalen, Batavia und China an. Im vorletzten Jahre seiner Regierung schloß Friedrich einen Handelsvertrag ab mit der jungen Republik der Vereinigten Staaten von Amerika. Als eine Handelsgesellschaft größeren Maßstabes war auch die Seehandlungs-Societät gedacht, deren Gründung in das Jahr 1772 fällt. Ihre Aufgabe sollte es sein, neben den eigentlichen

Bankgeschäften Seehandel mit Holz und Leinen nach Rußland, Skandinavien und dem Mittelmeer zu betreiben. Wenn auch nicht alle Pläne glückten, so kam man doch Schritt für Schritt weiter. Auf alle Fälle wurde eines erreicht: die Kraft des Staates sorgte dafür, daß der Überseehandel unter der preußischen Flagge nicht völlig erlahmte! Daß ein solch schutzloser Handel in dem Augenblick aber zusammenbricht, wo der Kriegswind über See weht, das sollte das Jahr 1806 beweisen: Napoleon zwang das besiegte Preußen, an seine Seite zu treten! England sperrte Ems, Weser, Elbe und Trave, Schweden die übrigen Ostseehäfen. Hunderte von preußischen Prisen fielen in die Hände der beiden. Und es blieb ein kläglicher Trost, wenn ein Zeitgenosse aus jenen Tagen schrieb: „Wir erstaunten über die großen Verluste, denn wir hatten gar nicht gewußt, daß wir einen so bedeutenden Handel betrieben!"

Joachim Nettelbeck

Es war im Mai 1821, als ein Schriftsteller J. C. L. Haken, der Verfasser der „Grauen Mappe", der „Amaranthen" und einiger anderer historischer Schriften, die Lebensbeschreibung „Joachim Nettelbecks, Bürgers zu Colberg", herausgab. Nettelbeck war damals bereits in sein 83. Lebensjahr getreten. Er war, wie Haken mitteilte, ein „Greis von seltener Kraft und Munterkeit", der sich „schon seit mehreren Jahren damit beschäftigte, die denkwürdigsten Ereignisse seines Lebens, insonderheit seines früheren Seelebens, selbst niederzuschreiben". Wenn wir diesen Schilderungen auf stark gekürzten Wegen folgen, so gewinnen wir damit einen lehrreichen Einblick in die Verhältnisse der Seefahrt einer Zeit, von der heute nur wenige wissen, daß eine große Anzahl Männer deutschen Geblüts in gleichem Maße wie Nettelbeck auf dem Wasser heimisch waren.

Unser Held, denn ein solcher war Nettelbeck nach Charakter und Taten, wurde am 20. September 1738 zu Kolberg geboren, woselbst sein Vater Brauer und Branntweinbrenner war. Die Liebe und Anhänglichkeit, die David Nettelbeck unter seinen Mitbürgern genoß, übertrug sich späterhin mit voller Kraft auf den Sohn. Der Hang zur See war ihm von der Wiege aus mitgegeben. Des Vaters Bruder, der Schiffer war, förderte den Hang, so daß es für den Jungen keine größere Freude gab, als wenn man ihn „nach der Münde ließ". Für die Schulbank hatte er anfänglich nicht viel übrig. Wenn sie zu Hause meinten, er säße „fleißig" auf ihr herum, dann „schiffte er oftmals in Rinnsteinen oder Teichen umher". Alle seine „Heiligen Christgeschenke" mußten immer „eine Beziehung auf die Schiffahrt" haben. Acht Jahre alt, erhielt er von seinem Paten Runge, einem Junggesellen, eine „Anweisung zur Steuermannskunst" verehrt. Obwohl das Buch in holländischer Sprache geschrieben war, kam er Tag und Nacht nicht davon los, so daß der Vater ihm schließlich bei einem Kolberger Schiffer namens Neymann Unterricht in der Steuermannskunst erteilen ließ. Damals schon stieg er des Nachts heimlich auf die Wälle der Stadt, um Sternbeobachtungen zu machen und Polhöhen zu messen. Geschicklichkeit im Entern erwarb er sich bei Kletterübungen am Kirchturm. Mit elf Jahren ließ ihn der Vater an einer Seereise teilnehmen. Er kam zum Oheim an Bord. Das Schiff, die „Susanna", segelte nach Amsterdam. Dort wuchs aber in dem jungen Joachim der Wunsch zu weiterer Fahrt. Er schlich sich auf einem Ostindienfahrer ein und brachte es zuwege, daß man ihn mitnahm. Das Schiff, die „Afrika", fuhr auf Sklavenhandel. Das Geschäft begann in der Höhe von Kap Palmas (Liberia). Als die „Afrika" 420 Neger jedes Geschlechts und Alters beisammen hatte, ging die Reise nach Surinam (Niederländisch-Guyana), wo die Schwarzen verkauft werden sollten. Die Fahrt dauerte zehn Wochen. Für die Menschenfracht wurden Kaffee und Zucker eingetauscht, dann ging es nach Holland zurück. Im Juni 1751 fiel vor Amsterdam der Anker. Joachim, bereits tot geglaubt — Post von ihm war nicht nach Hause gelangt —, kehrte nach Kolberg zurück, um noch einmal für ein knappes Jahr die Schulbank zu drücken. Länger war jedoch kein Halten mehr. So gab der Vater nach und ließ den Jungen abermals zur See. Er fuhr in der Ostsee und Nordsee umher, fand hieran aber keine rechte Freude. Von Amsterdam aus ging es ein zweites Mal nach Surinam, diesmal an Bord eines kolbergischen Schiffes, der „Christina", unter Kapitän Blank. Als der Steuermann das Unglück hatte, über Bord zu fallen, rückte Nettelbeck zum Untersteuermann auf. Nach seinem Bericht war Surinam damals weit eher eine deutsche als eine holländische Kolonie. Unter hundert Weißen traf man neunundneunzig Landsleute, von denen es einige zu großem Reichtum gebracht hatten. Bei einer späteren Reise, die Nettelbeck wiederum an Bord des Schiffes seines Oheims unternahm, zauste ihn das Schicksal tüchtig, indem es ihm Abenteuer bescherte, wie sie nicht alltäglicher Art sind. Vor Helsingör kenterte das Boot, mit dem sie an Land ruderten. Mit knapper Not kamen die Insassen mit dem Leben davon. Im Dezember strandete das Schiff bei schwerem Nordsturm in der Nähe von Nieuport an der flandrischen Küste. Inmitten brüllender Brandung lag es vor zwei Ankern, See nach See ging über Deck hinweg. Daneben drohte aber auch noch eine politische Gefahr. Das Küstengebiet war zu jener Zeit österreichischer Besitz. Da Preußen sich aber im Kriege mit Österreich befand — man stand im Beginn des Siebenjährigen Krieges —, wurde Nettelbecks Oheim von Sorge erfaßt, Schiff und Ladung möchten dem Feinde in die Hand fallen. Er erteilte Befehl, beides solle als schwedisch erklärt werden, falls man Verbindung mit Land bekäme, und machte sich selbst daran, die preußische Flagge zu bergen. Hierbei traf ihn — eine

Nettelbeck strandet bei schwerem Nordsturm bei Nieuport
an der flandrischen Küste

seltsame Schicksalsfügung — ein schlagendes Segel derart unglücklich, daß er auf Deck geschleudert wurde, ein Auge einbüßte und auch sonst schwer verletzt wurde. Sobald es das Wetter zuließ, rettete sich die Mannschaft durch Überbordspringen. Man lag nur zweihundert Meter vom Lande ab. Alle wurden geborgen, selbst der Oheim. Nettelbecks Gewandtheit glückte es, den todkranken Mann unter Aufbietung von allerhand Listen in einem Wagen über die französische Grenze zu bringen, woselbst der Oheim jedoch bald verstarb. Als die Franzosen erkannten, daß die Schiffbrüchigen lutherisch seien, war es um jede Anteilnahme geschehen. Inzwischen hatte man aber in Nieuport festgestellt, daß das gestrandete Schiff preußischer Nationalität sei. Demgemäß setzte man den zurückgebliebenen Teil der Besatzung als kriegsgefangen fest. Nun war guter Rat teuer. Wohin sollten sich Nettelbeck und seine Begleiter wenden? Dünkirchener Kaper halfen. Sie hatten einen englischen Kutter aufgebracht und ihn an einen Bremer Schiffer verkauft. Mit dem Kutter ging es in See. Das Fahrzeug sollte nach Hamburg geschafft werden. Vor der Elbe war aber alles mit Eis bedeckt. Außerdem wehte es hart aus Ost. Der Führer des Kutters kehrte daraufhin um. Es sollte sein Unglück werden. Just am Neujahrstage 1757 strandete auch dieses Fahrzeug bei Terschelling. Nettelbeck und seine Begleiter wurden ein zweites Mal wie durch ein Wunder gerettet, indem sie abermals über Bord sprangen. Mit einem baren Kassenbestande von sieben Groschen und sechs Pfennigen langten sie nach mühseliger Fußwanderung, späterhin unter Benutzung der Postkutsche, wieder in Kolberg an, wo man sie schon verschollen glaubte.

Kaum war Nettelbeck zu Hause, als die Werber ein Auge auf ihn warfen. Er entzog sich ihnen durch die Flucht. „Mir stand es als Seefahrer nicht zu Sinn", so berichtet er, „meinem Großen Friedrich, so sehr ich ihn auch verehrte, in Reih und Glied und mit dem Schießprügel auf der Schulter zu dienen." Bei seinem überstürzten Verlassen des väterlichen Hauses — er lag im Bett, als die Lage kritisch wurde — ergriff er in der Dunkelheit Frauenkleider. Mit einem roten Friesrock über den Schultern eilte er davon. Soldaten auf der Straße hinter ihm her. Er enterte ein am Bollwerk liegendes Schiff, rannte über Deck, sprang in ein Boot und ruderte mit Windeseile davon. Ein mildtätiger Mann bereicherte später seine Bekleidung durch eine Schlafmütze und ein Paar hölzerne Pantoffeln. Nachdem er sich vierzehn Tage verborgen gehalten hatte, begab er sich heimlich an Bord eines Kolberger Schiffes, das am nächsten Morgen nach Danzig in See gehen sollte. Er versteckte sich im Kabelgatt und verließ es erst, als er aus dem Geraune des Außenbordwassers vernahm, daß sich das Fahrzeug in See befand. Der Schiffer war über den Zuwachs seiner Mannschaft alles andere, nur nicht erbaut — außer Nettelbeck hatten sich noch elf junge Leute eingeschlichen — und verbot seiner Mannschaft, „den Deserteurs Essen oder Trinken zu reichen". In Wirklichkeit ließ sich aber alles halb so schlimm an; genau wie später in Danzig, wo der Schiffer seiner fünfköpfigen Besatzung strengsten Befehl erteilte, „keinen von den Deserteurs von Bord zu lassen". Die zwölf Schicksalsgenossen täuschten daraufhin ein Handgemenge vor, überwältigten die Mannschaft, die Ruhe stiften wollte, und machten, daß sie an Land kamen. Sie schlugen sich nach Königsberg durch, wo sie im Gewühl der Großstadt untertauchten. Nettelbeck ging als Steuermann mit einem kleinen Fahrzeug nach Schottland und Frankreich in See. Auf der Rückfahrt nach Königsberg wurde das Schiff von englischen

Kapern gründlichst ausgeplündert. Nettelbeck selber wurde zu Boden geschlagen und elendiglich zugerichtet. Ein holländischer Fischer nahm sich des völlig verwüsteten preußischen Schiffes an — die Kaper hatten alles mitgehen heißen, was nicht niet- und nagelfest war — und schleppte es nach Medemblyk ein.

Seine nächste größere Reise trat Nettelbeck von Texel aus an. Es ging im Konvoy unter Bedeckung von drei holländischen Kriegsschiffen nach Surinam. Nettelbecks Kapitän zog jedoch ein Alleinsegeln vor, verließ in der ersten dunklen Nacht den Konvoy und hatte hinterher die Genugtuung, in der ungewöhnlich kurzen Zeit von 28 Tagen das Ziel der Reise zu erreichen. Er hatte demnach ein Durchschnittsetmal von 148 Seemeilen gemacht; für ein Segelschiff auf weiter Fahrt ein recht gutes Ergebnis. Im Jahre 1760 wurde das Schiff, auf dem Nettelbeck fuhr, von Engländern aufgebracht. Man ließ die Mannschaft zwar frei, machte den Leuten aber solche Erschwernisse, daß sie wohl oder übel auf einem Briten Heuer nehmen mußten. Später blieb Nettelbeck, wie allen preußischen Schiffern und Seeleuten, nichts anderes übrig — wir stecken noch tief im Siebenjährigen Krieg —, als unter der „neutralen Danziger Flagge zu fahren". Bei einer dieser Fahrten bekam das Schiff ein Leck, das insofern bedrohlich wurde, als „die Ratten die inwendige Fütterung des Schiffsbodens durchgefressen hatten, wodurch das Getreide, welches die Ladung ausmachte, in den unteren Kielraum geraten war und die Pumpen verstopft hatte". Ein Einlaufen in die Schären bei Mandal rettete das Schiff vor dem Untergang. Es sollten sich aber noch seltsamere Dinge ereignen. Bei der Heimreise ging der Schiffer über Bord. Schwerer Sturm verhinderte die Rettung. Nettelbeck versammelte alsbald die Mannschaft in der Kajüte, um eine genaue Bestandsaufnahme vom Eigenbesitz des Verunglückten zu machen. Es fiel ihm dabei peinlichst auf, daß Geld, Uhr und allerhand Schmucksachen fehlten, die der Schiffer in Amsterdam eingehandelt hatte. Alles Suchen blieb jedoch erfolglos. Beim Einlaufen nach Pillau stand solch grobe Grundsee, daß das Ruder aus den „Angeln gehoben und davongeführt wurde". Nettelbeck verstand es, mit Hilfe der Segel weiterzusteuern und das Schiff pünktlich einzubringen. Nun regte sich aber ein schlimmer Verdacht wider ihn: der Verdacht, er habe das Kapitänsgut veruntreut! Es sollte ein Jahr und mehr vergehen, bis seine Ehrenrettung glückte. Als ein Tischler bei Instandsetzungsarbeiten die Fensterrahmen in der Kajüte löste, fand er die ganzen Schätze vor, die der verunglückte Kapitän, wohl aus Furcht vor Kapern, übersorglich versteckt hatte.

Als Nettelbeck sich daran machte, Kapitän und Schiffsbesitzer in eigener Person zu werden, wurde er vom Unglück verfolgt. Er wurde nach allen Richtungen hin betrogen, wohl weil er in die Welt wie in einen goldenen Topf guckte, und hatte dazu noch mit schlechten Mannschaften und offener Meuterei zu tun. Beim Salzhandel in der Bai von Bourgneuf wurde er aus einer offenen Jolle von schwerer See über Bord gespült und von der Brandung an Land geworfen, was ihn nicht hinderte, bei guter Laune sein Geschäft abzuschließen. Ein schweres Unwetter hielt ihn hinterher aber für volle sieben Wochen im Atlantischen Ozean fest, wobei der Großmast über Bord ging und das Ruder brach. Das Schiff trieb hilflos hin und her, Hunger und Durst herrschten an Bord. Endlich gelang es, zu Anker zu kommen: man war nach dem Bömmelfjord, nördlich von Stavanger, verschlagen worden! Das Schlimmste sollte aber noch folgen. Die Ladung war verdorben, die Instandsetzung des Schiffes verschlang Tausende. Nettelbeck geriet in einen Prozeß mit seiner Versicherungsgesellschaft in Amsterdam. Drei Jahre währte dieser Rechtshandel. Als er schließlich dank dem Eingreifen der preußischen Regierung zugunsten des Schiffseigentümers entschieden war, machte die Versicherungsgesellschaft Bankerott. Nettelbeck stand vor dem Nichts, er war ein völlig ruinierter Mann. Der Schlag traf ihn um so härter, als er sich inzwischen verheiratet hatte und auch Vater geworden war. Daß dem Tüchtigen das Glück hilft, sollte aber auch er am eigenen Leibe verspüren. Im Jahre 1769 schritt man in Preußen dazu, „von dem Überfluß an dem schönsten Schiffbauholz in den königlichen Forsten in Stettin für königliche Rechnung eine Anzahl großer Fregatten zu erbauen, zu armieren und auszurüsten, die dann zu guten Preisen an auswärtige Mächte abgelassen werden sollten". Nettelbeck wurde für den Kapitänsposten einer dieser Fregatten ausersehen, die in Stettin im Bau war, und erhielt den Titel als „Königlich preußischer Schiffskapitän samt der Berechtigung zum Tragen der königlichen Uniform und eines Säbels mit Portepée". Ein französischer Finanzmann, Delattre mit Namen, war von Friedrich dem Großen zum Leiter der ganzen Unternehmung bestellt worden. Delattre hatte nichts Eiligeres zu tun, als seinen jüngeren Bruder, der in der französischen Marine als Unterleutnant Dienste getan hatte, zum Admiral zu ernennen und dem in seemännischen Dingen weit erfahreneren Nettelbeck vor die Nase zu setzen. Die Fregatte lag bereits segelfertig auf der Reede von Swinemünde, als es zwischen Nettelbeck und dem unreifen Admiral zu einem schweren Zerwürfnis kam. Sie begaben sich an Land. Die Klingen fuhren aus der Scheide. Delattre erhielt zwei tüchtige Schmisse. Nettelbecks Zorn war verraucht, seine schöne Stellung war er jedoch los. Man zahlte ihm sein Gehalt aus und erkannte bereitwilligst auch seine Tüchtigkeit an, verzichtete hingegen auf weitere Dienste. Immerhin hatte er somit, geldlich gesprochen, wieder Boden unter den Füßen. Nachdem der Unermüdliche eine kleine Navigationsschule in Kolberg eingerichtet und eine Zeitlang geleitet hatte, zog es ihn wieder aufs Wasser. Von Holland aus ging er als Obersteuermann nach der Guineaküste. Es war ein schweres Schiff, 106 Mann zählte die Besatzung, 24 Geschütze befanden sich an Bord. Unterwegs trafen sie auf ein verlassenes Fahrzeug, das sie bemannten und somit vor dem Untergang retteten. Später stellte es sich heraus, daß dieses Fahrzeug, ein Franzose, zugleich in London, Amsterdam und Hamburg für große Summen versichert gewesen war. Die Reeder und der ungetreue Kapitän hatten auf diese Weise ihr Geschäft machen wollen. An der Guineaküste blühten damals noch der Sklaven- und der Goldhandel. Ein Vorfall, der sich hierbei ereignete, kennzeichnet auf das trefflichste Nettelbecks Schneid. Er war mit einem Boot unterwegs, um Goldstaub einzuhandeln, als er einem englischen Schiff begegnete, das auffälligerweise dicht unter Land lag. Es stellte sich heraus, daß die Schwarzen die Besatzung überwältigt und Hand auf das Schiff gelegt hatten. Beim Näherkommen drohten sie mit Schießgewehren. Trotzdem beschloß Nettelbeck, das Schiff den unrechtmäßigen Besitzern wieder zu entreißen. Er steuerte längsseit. Da durchschossen die Neger von oben den Boden seines Bootes. Im selben Augenblick trat er auch schon mit einem Fuß auf das Loch und riß sich das Hemd vom Leibe, um das Leck zu stopfen. Es gelang aber nur unvollkommen, so daß man vom Entern absehen mußte. An Bord mußte sich Nettelbeck von seinem Kapitän schwere Vorwürfe bieten lassen, da ein Teil der vor dem Gefecht eingehandelten Ware im Boot infolge des eingedrungenen Wassers völlig verdorben war. Es kam zu einem ärgerlichen Streit. Nettelbeck wechselte seine Heuer und siedelte als Steuermann auf ein Vlissinger Schiff über, mit dem er 452 Negersklaven nach Surinam brachte. Nach Vlissingen heimgekehrt, legte der wißbegierige Mann sein Lebensschifflein auf einen ganz neuen Kurs; er ließ sich von der britischen Marine anwerben und wurde Schiffsleutnant auf dem „Ju-

Nettelbeck wird auf der Höhe von Texel von zwei englischen
Linienschiffen angehalten

piter", einem Schiff von 64 Kanonen, das zum Konvoy einer Transportflotte gehörte, die 1500 Mann Seesoldaten als Ablösung nach der Guineaküste bringen sollte. Mitte März 1774 verließ die Flotte Portsmouth. Sie erreichte ohne Zwischenfall ihr Ziel und segelte dann weiter nach Jamaika. Über diesen Abschnitt seines Seemannslebens hat Nettelbeck sehr lehrreich wie folgt berichtet: „Meine Lust, mich in englischen Diensten umzusehen, hatte ich mit dieser Reise vollständig und für immer eingebüßt. Die Verhältnisse und Lebensweise waren nicht für meinen nüchternen deutschen Sinn gemacht. Schwerlich auch kann man sich eine Vorstellung davon machen, wie rauh und ungefügig es auf den Schiffen dieser Nation hergeht. Da ist keine Ehre und kein Respekt; man hört nichts anderes als Goddam und brutale Reden ohne Zahl. Alles, vom geringsten Matrosen an, ist gegen den Offizier im Widerspruch; wiewohl ich nicht zweifle, daß sie dennoch, wenn es irgend zum Schlagen kommt, untereinander einig und brav sind."

Nach Kolberg zurückgekehrt, eröffnete Nettelbeck abermals eine Navigationsschule. Er hatte, wie er selber schreibt, „seine vollen 37 Jahre auf dem Nacken, hatte unter tausend Gefahren und Mühseligkeiten und unter allen Himmelsstrichen seine besten Jahre und Kräfte im Dienste von Fremden verschwendet und sah immer deutlicher ein, wie wohl er tun würde, mit seinen Erfahrungen seinem Vaterlande und sich selbst zu dienen". Da die Navigationsschule aber nur für den Winter Beschäftigung abwarf — im Sommer fuhren alle „Lehrlinge" zur See —, verspürte er bald Langeweile. Nachdem er alles Mögliche versucht hatte — nichts wollte so recht glücken —, übernahm er die Führung eines Stettiner Schiffes, das nach Bordeaux segelte und in der Hauptsache Wein in Fässern lud. In See zapfte die Mannschaft die Fässer an und betrank sich tagtäglich sternhagelduhn, so daß sich die Heimfahrt nach Hamburg mehr als unerquicklich gestaltete. Mit neuer Mannschaft ging Nettelbeck dann nach Lissabon in See. Dort geriet er nach beendeter Börsenstunde als Gast eines portugiesischen Kaufmannes in ein großes Saufgelage von neun Kapitänen, „Männern im buntesten Gemisch, wie in der Pfingstepistel: Dänen, Hamburger, Lübecker, Schweden, Schwedisch-Pommern und Danziger". Er allein hielt sich nüchtern mit dem Erfolge, daß ihm eine besonders wertvolle Heimfracht, eine volle Ladung Tee, um ein Frachtgeld von 35000 Talern anvertraut wurde. Außerdem gab ihm der holländische Konsul noch ungeschliffene Diamanten mit. In der Höhe von Texel traf Nettelbeck auf zwei englische Linienschiffe. Da er unter preußischer Flagge und mit einer Ladung für portugiesische Rechnung fuhr, ließen sie ihn ungeschoren ziehen. Sie gaben ihm lediglich auf, dem holländischen Admiral Kinsberger, der mit einer Flotte von elf Seglern im Hafen läge, zu bestellen, „sie möchten sich, je eher je lieber in offener See mit ihm besprechen". Auf dem Texel kam mit einer Schaluppe ein holländischer Schiffsleutnant an Bord. Er wollte Nettelbeck ausfragen. Da dieser aber gegen den Wind aufkreuzen mußte, weigerte er sich, in die Kajüte zu gehen. „Da ward", wie Nettelbeck berichtete, „das Bürschchen hitzig, griff nach der Plempe, die es an der Seite hängen hatte, zog blank und versetzte mir damit flach einen Streich über die Schulter. Hui! Das war ein Funke in eine offene Pulvertonne! Denn im nämlichen Augenblick auch packte meine Faust das Sprachrohr, das neben mir stand, und legte es ihm so unsanft zwischen Kopf und Schulter, daß das untere Ende desselben über Bord flog und ich das bloße Mundstück in der Hand hielt. Zugleich rang ich ihm den Degen aus der Hand, packte ihn säuberlich am Kragen und schob ihn über Bord die Treppe hinab, so daß er schwerlich selbst gewußt hat, wie er in seine Schaluppe gekommen sein mag. Seine Leute

Nettelbeck flaggt im Hafen von Amsterdam am Geburtstage
„seines großen Monarchen" über die Toppen

stießen ab, und die ferneren Komplimente hatten ein Ende." Als Nettelbeck bei diesigem Wetter ohne Flagge und Wimpel in die Nähe des Kinsbergerschen Geschwaders gelangte, zwangen ihn zwei scharfe Schüsse, die Flagge zu zeigen. Gleichzeitig fand sich ein anderer holländischer Offizier an Bord ein. Ihm sagte Nettelbeck, sie möchten doch „ihr Pulver und ihr Blei auf Feinde und nicht auf eine respektable neutrale Flagge verschießen. Er betrachte die Schüsse als einen seinem Souverän erwiesenen Affront, über den er gehörigen Ortes Beschwerde führen werde." Der Leutnant verlangte, daß ihm diese Antwort schriftlich gegeben werden sollte, was Nettelbeck unverzüglich tat, indem er noch den Gruß und den Auftrag der Engländer hinzufügte. Im übrigen glückte es ihm, seine gesamte Ladung sowie die Diamanten richtig an Ort und Stelle abzuliefern. Den 24. Januar, den Geburtstag „seines großen Monarchen", feierte er daraufhin durch „Aufziehung aller Flaggen und Wimpel und Abfeuerung eines Geschützes". Die anderen preußischen Schiffe im Hafen von Amsterdam folgten freudig seinem Beispiel.

Auf seiner letzten Seereise sollte Nettelbeck noch einmal eine schwere Strandung erleben. Er war in der Nähe von Anholt. Sein Schiff brach vollends auseinander, so daß er mit seinen Gefährten nur das nackte Leben rettete. Was er sich in den letzten Jahren sauer verdient hatte, war wiederum mit einem Schlage dahin. „So gab ich denn", schreibt er, „in der Erwägung, daß die bessere Halbscheid meines Lebens bereits hinter mir lag, lieber das ganze Seewesen auf und war darauf bedacht, mich in meiner Vaterstadt auf eine stille, bürgerliche Nahrung mit Bierbrauen und Branntweinbrennen, wie es mein Vater seither betrieben hatte, einzurichten."

Das war im Jahre 1782. Wir wissen aber aus der Geschichte, daß die große „Halbscheid" seines Lebens erst noch kam, die Zeit nämlich, die seinen Namen als Verteidiger Kolbergs gegen die Franzosen (1807) unsterblich machen sollte.

Gründung und Taten
der schleswig-holsteinischen Flotte

Es ist überaus kennzeichnend für die politische Zerrissenheit des deutschen Volkes, daß gleichlaufend mit dem Versuch der Gründung einer deutschen Reichsflotte unter Admiral Brommy nicht nur die preußische Flotte ihre Entwicklung auf festere Bahnen lenkte, sondern daß auch die schwergeprüften Herzogtümer Schleswig-Holstein zur Schaffung einer eigenen Kriegsseemacht schritten. Ein Schiffbauer Andresen-Siemens aus Stettin schrieb im Jahre 1843: „Mit der Werftengründung wäre es schon keine Hexerei, wir fänden im Nu leicht hundert Plätze für Kriegsschiffskiele. Was dahingegen vor allem fehlt und womit es wohl noch lange hin, das weiß ein jeder: Deutschland ist nicht eins! Eine deutsche Kriegsmarine fällt übern Haufen vor diesem Punkt, und nur allein vor diesem Punkte." Damit hatte er den Nagel auf den Kopf getroffen. Leider verhallte seine Mahnung wie so viele andere im Winde deutscher Eigenbrötelei. Und doch gehörte der Gedanke, sich an der See in breiterer Front festzusetzen, zu den Angelpunkten deutscher Einheitsbestrebungen. Das beweist am besten die schleswig-holsteinische Frage, die das deutsche Volk ins Mark erregte.

Als am 20. Januar 1848 König Christian VIII. von Dänemark gestorben war und Friedrich VII. als sein Nachfolger auf den Thron kam, lebte die uralt-strittige Frage erneut mit Macht auf. Es war, als züngelten Flammen empor, die im Verborgenen seit langem geglommen hatten. Ganz Deutschland stellte sich hinter die Herzogtümer, preußische Truppen überschritten die holsteinische Grenze. Die von dem Advokaten Beseler, von dem Prinzen von Schleswig-Holstein-Noer und dem Grafen Reventlow-Preetz gebildete Statthalterschaft trug Sorge, daß schleswig-holsteinische Aufgebote den Dänen entgegentraten. Man war sich aber gleichzeitig darüber klar, daß die dänische Seeherrschaft eine Macht darstelle, die mit Mitteln des Landkrieges nicht zu brechen war. Vier Wochen nach Eröffnung der Feindseligkeiten mußte der preußische Gesandte dem Bundestage bereits melden, daß nicht weniger als 40 bis 50 preußische Schiffe von den Dänen in Schleswig aufgebracht und nach Kopenhagen verschleppt seien. „Unter diesen Umständen", so führte der Gesandte aus, „sehen die Seestädte sich bedroht, der Früchte ihrer Betriebsamkeit während langer Friedensjahre mit einem Male beraubt zu werden." Er beantragte, in allen deutschen Häfen Hand auf die dänischen Schiffe zu legen, drang hiermit jedoch nicht durch, da es vorerst an jedem Bestreben fehlte, einheitlich vorzugehen. So verschanzte sich, um nur ein Beispiel zu geben, der Senat von Hamburg hinter der Ausführung, „man dürfe das dem heutigen Standpunkt der Zivilisation so wenig entsprechende exzeptionelle Verfahren, wonach der Seekrieg auch das Privateigentum feindlicher Untertanen treffe, nicht mitmachen. Das Verfahren müsse endlich aus dem Völkerrecht verschwinden, Deutschland habe den ersten Beruf, hierbei mitzuwirken, und die Bundesversammlung würde sich durch die Beseitigung das größte Verdienst erwerben". In Wirklichkeit sah die Sache aber ganz anders aus. Hamburg fürchtete die dänische Seeherrschaft und wollte jede Herausforderung vermeiden, indem es besorgt an seine eigene Schiffahrt dachte. Seine Stellungnahme sollte ihm jedoch nichts nützen. Hamburgische Schiffe waren den Dänen ebenso willkommen wie andere und wurden demgemäß in gleicher Weise aufgebracht.

In den Herzogtümern dachte man tatenfroher. Gleich zu Anfang der Erhebung war von der vorläufigen Regierung das Bedürfnis anerkannt worden, sich auch auf See zu rüsten, insonderheit aber den Kieler Hafen zu verteidigen. An Fahrzeugen und Mannschaften, die einen Kleinkrieg durchführen konnten, fehlte es nicht, wohl aber an Zeit und Geld zur Bereitstellung. Im Frühjahr 1849 standen zwölf umgebaute Kanonenboote, Kriegslogger genannt, zur Verfügung. Sie waren mit je zwei sechzigpfündigen Bombenkanonen bestückt und mit sechzig Mann besetzt. Aus den Namen wie „Frauenverein", „Sankt Pauli" und „Wendelstein" ergibt sich, daß die Kriegslogger zum Teil aus freiwilligen Spenden erbaut waren, die nicht einmal alle aus Schleswig-Holstein stammten. Diese Kanonenbootsflottille hat sich nun in einer ganzen Reihe von Gefechten gegen die dänische Übermacht bewährt. Am meisten zu tun bekamen die Boote „Elmshorn", „Glückstadt", „Arnis" und „Frauengabe", die unter dem Befehl des Leutnants Kier über den Eiderkanal die Westküste gewannen und von dort aus sehr wirksam gegen den militärischen Druck Dänemarks auf dem Wattenmeer vorgingen. Darüber hinaus unterstützten sie aber auch noch im Jahre 1850 das Vorrücken der eigenen Landstreitkräfte in ausdauernder Beharrlich-

Gefecht schleswig-holsteinischer Kanonenboote mit der dänischen Fregatte „Freia" am 12. Juli 1849 vor der Schleimündung

keit. Sie lieferten den Dänen wiederholt Gefechte und nahmen unter anderem auch an der Beschießung von Friedrichstadt teil. Von der Ostsee-Division wurden zwei Kanonenboote unter dem Hilfsoffizier Kaehler nach der Schlei entsandt. Sie hatten am 12. Juli 1849 ein Gefecht mit der dänischen Fregatte „Freia" von 54 Kanonen zu bestehen, über das Kaehler (im Auszuge) wie folgt berichtete: „Um 10 Uhr war die Fregatte auf Schußweite nahegekommen. Nachdem sie zuerst einige Schüsse gelöst, gab ich auch Ordre, zu feuern, worauf sie uns die glatte Lage gab. Zwei von ihren Geschützen mußten großen Kalibers sein, denn die Kugeln gingen zwischen den Booten hindurch; die anderen blieben etwa zwanzig Schritte entfernt. Da nun von uns das Feuer kräftig erwidert wurde und wir nicht vergaßen, daß wir Kanonen an Bord hatten, und da einige von unseren Schüssen gut trafen, so ging die Fregatte gleich über Stag, setzte mehr Segel bei und entfernte sich, wobei sie noch sechs Schüsse nach uns feuerte mit den hintersten Kanonen, so daß wir sie verfolgten und fleißig auf sie feuerten. Um 12 Uhr stellten wir das Feuer ein, da wir den Feind nicht weiter verfolgen konnten; denn auch das Linienschiff „Skjold" näherte sich, und es kamen zwei

Dampfschiffe zu gleicher Zeit von Sonderburg heraus. Darauf gab ich Ordre, nach der Station bei Maasholm abzuhalten, wo wir um 1¹/₂ Uhr ankerten. Die Leute zeigten sich sehr mutvoll und übertrafen meine Erwartungen. Wir haben zwei Leichtverwundete."

Den Schutz des Kieler Hafens hatten die Dampfer „Bonin" und „Löwe", der Schoner „Elbe" und vier Kanonenboote übernommen. Der Dampfer „Bonin" war ein hölzerner Raddampfer. Seit 1840 hatte er unter dem Namen „Christian VIII." den Postverkehr zwischen Kiel und Kopenhagen vermittelt. Er wurde mit einem 84-Pfünder, einem 60-Pfünder und zwei 30-Pfündern bestückt. Den neuen Namen erhielt er zu Ehren des Generals von Bonin, der der vorläufigen Regierung der Herzogtümer zur Verfügung gestellt war und in der siegreichen Schlacht bei Schleswig die preußische Linienbrigade befehligt hatte. Der „Löwe" war ursprünglich ein Schlepper. Als Kriegsfahrzeug trug er einen 18-Pfünder und zwei 12-Pfünder. Die „Elbe" war von Hause aus ein dänisches Wachtschiff. Unter dem Kommando des späteren Kapitäns zur See, damaligen Kapitänleutnants Donner, der einer hamburgischen Patrizierfamilie entstammte, hatte die „Elbe" bei Ausbruch der Erhebung vor Altona gelegen. Donner war politisch begeisterter Holsteiner und stellte sich, nachdem sein Abschiedsgesuch von der dänischen Regierung unbeantwortet gelassen war, der provisorischen Regierung Schleswig-Holsteins zur Verfügung. So verfiel das Schiff mit allem, was sich an Bord befand, teils freiwillig, teils unfreiwillig dem Besitz der Herzogtümer. Donner trat sehr bald in den Dienst der preußischen Marine über, in der er es bis zum Kapitän zur See brachte. Er wurde mit dem Charakter als Konteradmiral verabschiedet. Auch die Kieler Hafenflottille hat sich zu wiederholten Malen mit den dänischen Blockadestreitkräften herumgerauft. Es würde zu weit führen, Einzelheiten dieser Scharmützel darzustellen. Daß es keine bedeutsamen kriegerischen Ereignisse werden konnten, liegt auf der Hand. Dafür waren weder die vorhandenen Seestreitkräfte, noch ihr aus der Handelsschiffahrt übernommenes Personal angetan. Andererseits soll man nicht übersehen, daß die Einarbeitung in den neuen Beruf und die Leistungsfähigkeit der bescheidenen Waffen unverkennbare Fortschritte machten. Man kam taktisch voran und lernte es, seine Streitmittel in einer Weise auszunutzen, die dem Feinde bei seinem Bewachungsdienst manche unangenehme Stunde bereitete. Ja, es kam sogar dazu, daß die kleine Flottille am 17. Juli 1849 das dänische Linienschiff „Skjold" angriff, das im Schlepp des Dampfers „Geyser" vor Bülk kreuzte. Unter lauten Hurrarufen gingen die Kanonenboote gegen den Goliath vor. Sie hatten es gelernt, spitz auf den Gegner zuzuliegen, so daß sein Breitseitfeuer nicht zur Geltung kam. Erst als der „Skjold" loswarf und abfiel, so daß er zum Lagenfeuer schreiten konnte, gaben die Kanonenboote den ungleichen Kampf auf. Ein Augenzeuge hat über das Treffen berichtet, daß „das Wasser zwischen Linienschiff und Kanonenbooten weit über diese hinaus ein Spritzregen von Kugeln gewesen sei. Die Kanonenboote hätten eine Menge Havarien, auch mehrere Tote und Verwundete gehabt, es sei aber keines von ihnen in den Grund geschossen worden".

Auf alle Fälle hat die Kieler Flottille ihr redliches Teil dazu beigetragen, die Dänen von einer Forcierung des Hafens abzuhalten; wobei allerdings nicht verschwiegen werden soll, daß auch die an Land getroffenen Schutzmaßnahmen, Schanzen bei Laboe und Friedrichsort, vor allem aber die Minensperre im Innenhafen dem Feinde Zurückhaltung auferlegten. Hier war die treibende Kraft der preußische Offizier Werner Siemens. Die Minensperre stellte, wenn man es bei Licht besieht, eine nicht minder behelfsmäßige Waffe dar wie die Hafenflottille. Sie wurde mit Hilfe des Professors Himly, eines Physikers an der Kieler Universität, hergerichtet und zwischen der alten Badeanstalt — dort, wo jetzt das Stationsgebäude liegt — und dem anderen Ufer ausgelegt. Im ganzen zählte sie, sage und schreibe, zwei Minenkörper, die mit einer elektrischen Batterie in der Badeanstalt verbunden waren. Die eine Mine bestand aus einem Kautschuk-Pulversack, die andere aus einer Pulvertonne. Als man die Gefäße lichtete, ergab es sich, daß nur der Pulversack dicht gehalten hatte, die Tonne hätte niemandem ein Leid getan.

In den Aufzeichnungen des Prinzen Friedrich von Schleswig-Holstein-Noer findet sich nun ein recht herbes Werturteil über die Flottenbemühungen und die Flottenbegeisterung jener Tage; ein Urteil, das einer gerechten Nachprüfung unter keinen Umständen standhält. Der Prinz verkennt völlig das seemännische Geschick und den Wagemut, die sich auch hier gezeigt haben, und verliert sich in Betrachtungen, die heute noch — man muß es gestehen — beschämend wirken. Nachdem er ein Loblied auf die dänischen Seeoffiziere gesungen hat, die sich „den englischen gleichstellen könnten, so daß es eine Torheit gewesen wäre, ihnen gegenüber Kapitäne von Handelsschiffen zu schleswig-holsteinischen Marineoffizieren zu ernennen", fährt er fort: „Aus allen diesen Gründen habe ich mich jederzeit gegen die Bildung einer schleswig-holsteinischen Marine erklärt, wie ich ebenfalls ganz in Zweifel ziehe, daß jemals eine deutsche Marine, die im Verhältnis zur Macht Deutschlands steht, gebildet werden kann. Hätten Deutschland einige und richtige politische Ansichten geleitet, dann würde es längst mit Dänemark einen Vertrag geschlossen haben, wonach dieses es übernähme, seine Flotte zum Schutz des deutschen Handels und der deutschen Küste zu stellen. Dänemark ist wie England ein Inselreich, es hat von jeher einen ausgebreiteten Seehandel gehabt und daher die große Anzahl Matrosen. Deutschland aber, woher soll es erfahrene Seeleute zu einer Flotte nehmen? Das wenige Küstenland und die spärlichen Häfen Deutschlands können ihm nie die Bemannung einer größeren Flotte liefern, wenn diese nicht gleich den russischen Matrosen durch Konskription aus dem ganzen Lande genommen werden soll."

Auch über die kühnen und von echt vaterländischem Geiste getragenen Versuche des Unteroffiziers Bauer, einen Brandtaucher, den Vorläufer der Unterseeboote von heute, bereitzustellen, hat der Prinz von Noer recht absprechende Worte gefunden. „Nicht zufrieden mit der überseeischen Flotte", so schreibt er, „wollte die Statthalterschaft auch eine unterseeische haben. Ein bayerischer Unteroffizier, der zum ersten Male das Meer erblickte, glaubte eine Erfindung machen zu können, um unter dem Wasser unbemerkt an feindliche Schiffe heranzugehen, ein Pulverfaß an ihnen befestigen und vermittelst elektrischen Drahtes dieses explodieren zu lassen, wodurch das Schiff in die Luft fliegen solle. Die Idee ist zu albern, und daß sie nicht unbeachtet blieb und sofort verworfen wurde, beweist nur zu sehr, wie nach allem gehascht wurde, von dem man sich einen Erfolg einbildete."

Wir stehen heute auf einem wesentlich anderen Standpunkt und haben ein gutes Recht dazu. Wir erblicken in allen jenen Leuten, die sich während der Erhebung der Herzogtümer mit Herz, Hirn und Hand auf See hinauswagten, um auch dort dem Vaterlande zu dienen, Pioniere der deutschen Seemacht schlechthin. Wir erkennen in ihnen Männer, die weiter blickten als ihre Zeitgenossen; Männer vor allem aber auch, denen das Wikingerblut noch immer in den Adern pulste. Daß es gerade ein Bayer und ein „Bauer" sein mußte, den wir als den Vater der deutschen Unterseeschiffahrt ansprechen dürfen, ist hierfür besonders kennzeichnend; ein Bayer, der vordem nie das Meer gesehen! Daß letzthin auch die Entwicklung der schleswig-holsteinischen Marine sehr bald steckenblieb, um mit Niederwerfung der Bewegung völlig abzuflauen, ist mitnichten die Schuld deutscher Seeuntüchtigkeit, wie Prinz Noer es seinen Zeitgenossen klar machen wollte; es sind vielmehr einzig und allein die politischen Verhältnisse gewesen, die hier ein hartes Halt geboten. Das große geeinigte Deutschland hat es tausendfältig in Kriegs- und Friedenszeiten bewiesen, daß seine Söhne auf dem Wasser heimisch sind, und daß es ein schlimmer Irrtum war, zu glauben und zu verkünden, man täte gut daran, dem Nachbarn Dänemark, diesem schwachen Lande, die Wahrung und Sicherstellung der im Aufblühen begriffenen deutschen Seeinteressen anzuvertrauen. Als einzige Entschuldigung für eine derart schiefe Stellungnahme kann lediglich der Umstand gelten, daß es zur Zeit von Schleswig-Holsteins Erhebung in der Tat mehr als trübe um die deutsche Seegeltung und um das Verständnis für deren Belange aussah. Der betrübliche Fall vom Untergang des Dampfkanonenbootes „von der Tann", dessen Darstellung wir uns nunmehr zuwenden, beweist es schlagend.

Die Tatsache, daß die kleine schleswig-holsteinische Flotte den Versuch wagte, als erste von allen Marinen ein Schraubenkanonenboot zu bauen, legt beredtes Zeugnis dafür ab, daß allerhand Unternehmungsgeist in ihr und den führenden Männern wie Beseler, Graf Reventlow und vor allem in dem Kieler Kaufmann M. T. Schmidt steckte. Der Prinz von Noer hatte sich auch gegen dieses „Experiment" ausgesprochen. In seinen Aufzeichnungen heißt es hierzu: „Das erstemal, als dieses Boot mit einem dänischen Dampfboot zusammenkam, nahm es die Flucht, lief auf den Strand und flog in die Luft." Wie hat sich demgegenüber der Untergang in Wirklichkeit abgespielt? Das Kanonenboot „von der Tann" lag unter dem Befehl des Hilfsoffiziers Lange vor Neustadt in Holstein. Es operierte zusammen mit zwei schleswig-holsteinischen Ruderkanonenbooten, die in Heiligenhafen stationiert waren und der Bewachung des Fehmarnsundes dienten. Die Dänen hielten weit überlegene Streitkräfte bereit, insonderheit die Segelkorvette „Valkyren" und den Dampfer „Hecla". Am 20. Juli 1849 ging „von der Tann" des Morgens zu einer Kreuzfahrt in See. Es glückte ihm, einen dänischen, mit Fellen beladenen Segler aufzubringen, der von Aarhus nach Travemünde bestimmt war. Inzwischen hatten sich aber „Valkyren" und „Hecla" vor Neustadt gelegt, um ihrem Gegner die Rückkehr zu verwehren. Kapitänleutnant Lange brachte seine Prise nach Travemünde ein und fragte bei der Hafenbehörde an, „wo er den Dänen

Kampf des Kanonenbootes „von der Tann" in der Lübecker Bucht
mit den Dänen „Valkyren" und „Hecla" am 20. Juli 1849

anzulegen habe". Worauf er die Antwort erhielt, daß weder er, noch seine Prise in dem neutralen Hafen Schutz finden könnten. Alle Vorstellungen blieben fruchtlos. Lange gab daher wohl oder übel seine Prise preis. Als man ihm bedeutete, „von der Tann" müsse augenblicklich bis auf Kanonenschußweite das neutrale Gebiet verlassen oder sich entwaffnen lassen, ging er in See. Er wartete die Dunkelheit ab, um die Neustädter Bucht anzusteuern. In der Höhe von Hafftrug stieß er mit der „Hecla" zusammen. Der Däne hatte 136 Mann an Bord und verfügte über sieben Kanonen, denen „von der Tann" nur zwei 24-Pfünder und zwei Mörser entgegenzusetzen vermochte. „Hecla" eröffnete das Feuer. „Wir antworteten", so berichtete Lange, „mit unseren Geschützen und mit einem Hoch auf das deutsche Vaterland." Das Gefecht hatte jedoch kaum begonnen, als „von der Tann" infolge Unvorsichtigkeit des Lotsen auf Grund geriet. Trotzdem setzte der wackere Lange das Gefecht fort, ja er zwang sogar die „Hecla" dazu, von ihm abzulassen und in beschädigtem Zustande den Rückzug anzutreten. Im ganzen hatte der Kampf dreiviertel Stunden gewährt. Kaum hatte „von der Tann" damit begonnen, sich wieder flottzumachen, als die Korvette „Valkyren" erschien. Sie vermochte 24 Geschütze auf die Waagschale der Entscheidung zu werfen. Nach halbstündigem ungleichem Kampf beschloß Kapitänleutnant Lange, sein Schiff zu verlassen und in Brand zu stecken, damit es nicht durch Enterkampf in Feindeshand fiele. Dementsprechend wurde verfahren. Diese Schilderung sieht doch wesentlich anders aus, und der Prinz von Noer hätte gut getan, sich besser unterrichten zu lassen, bevor er mit seinen schriftlichen Aufzeichnungen vor die Öffentlichkeit trat.

Der Sturm der Entrüstung über das Verhalten der Travemünder Behörden war groß. In der Altonaer Zeitschrift „Die Reform" vom 27. Juli 1850 hieß es: „Ein deutscher Bruder jagte den anderen herz- und gefühllos fort von seinem Herde, in den blutigen Kampf hinaus, wo die Übermacht des Feindes ihm sicheren Untergang bereiten mußte. Es ist dies eine so empörende Schmach des deutschen Namens, eine so unerhörte Verletzung deutscher Brudertreue, daß die Geschichte kein ähnliches Beispiel aufzuweisen hat." Und die „Norddeutsche Freie Presse" ging noch weiter, indem sie dem Kapitänleutnant Lange vorwarf, er hätte sich „durch Waffengewalt den Eingang in den Travemünder Hafen erringen müssen". Wenn beide Stellungnahmen wohl auch den Rahmen des Gebotenen sprengen, so geht doch eines aus ihnen klar hervor: das deutsche Elend war riesengroß, und die deutsche Zerrissenheit konnte kaum überboten werden, obwohl man in Frankfurt nach Einigkeit lechzte und tausend goldene Worte zum Ruhm der deutschen Freiheit fand.

Um die Leistung der kleinen schleswig-holsteinischen Flotte gerecht zu würdigen, muß man sich vor Augen halten, daß sie mit 16 Fahrzeugen, 41 Kanonen und 800 Mann 55 Fahrzeuge, 490 Kanonen und 5535 Mann in Schach gehalten hat. Sie hat somit ihr Bestes hergegeben und den Ruhm deutscher Tüchtigkeit zur See nur gemehrt.

Admiral Brommy

Am 10. September 1804 wurde dem Gerichtsschöffen Johann Simon Bromme zu Anger bei Leipzig als fünftes Kind ein Knabe geboren, der so schwächlich schien, daß man nicht nur am gleichen Tage die Nottaufe vornahm, sondern auch die Paten hierzu herbeirief, wo man gerade erwachsene Menschen fand; einen Maurergesellen, der bei einer Instandsetzung des Hauses beschäftigt war, den Dorfrichter und eine Nachbarsfrau, die das Salatjäten unterbrechen mußte, um Zeuge der heiligen Handlung zu werden. Der kleine Weltbürger, seiner Zartheit wegen „Mäuschen" genannt, wuchs trotzdem kräftig empor. Das Schicksal hatte ihn zu einem Manne bestimmt, der in der Geschichte der deutschen Seegeltung eine hervorragende, wenn auch nur kurze Rolle spielen sollte.

Dreizehnjährig bezog Bromme auf eigenen Wunsch die Navigationsschule in Hamburg, für seine engere Heimat ein Ereignis, das manches Kopfschütteln verursachte. Er hielt jedoch wacker durch, bestand die Schlußprüfung mit Auszeichnung und sah dann den langersehnten Augenblick kommen, wo er hinein in den eigentlichen Beruf und hinaus auf See gehen sollte. Auf einer Brigg „Heinrich" nahm er Heuer. Trotz dem Besuch der Navigationsschule belehrte man ihn, daß es „ehrenvoller sei, über den Bug ins Schiff gewaschen zu werden, als durch die Kajütfenster zu kriechen". Mit anderen Worten: er mußte als Schiffsjunge beginnen! Die erste Reise bescherte allerhand Abenteuer. Ein Mann ging über Bord, die Rettung mißlang. Zwölf Stunden nach dem Inseegehen war die Brigg derart leck, daß sie kräftig Wasser machte. Die Mannschaft kam nicht von den Pumpen weg. In Cowes auf der Isle of Wight vor Southampton wurde das Schiff einer Grundreparatur unterzogen. Der Schiffsjunge Bromme musterte daraufhin ab und versuchte es mit besserem Glück, auf einem amerikanischen Schiff in die weite Welt zu kommen. Nachdem er mehrfach in Westindien gewesen war, legte er seine Steuermannsprüfung, zugleich aber auch seinen Namen ab. Aus Bromme wurde Brommy. Es klang fremdländisch und daher besser. Man erkennt hieraus, daß leider schon vor hundert Jahren ameri-

Die Blockade von Navarino

kanische Art eine besondere Anziehungskraft ausübte. Brommy hat sich längere Zeit in der Neuen Welt aufgehalten, er fuhr an der Westküste und bis nach Ostasien. Allerhand Abenteuer liefen ihm über den Weg: Kämpfe mit Indianern, ein Schiffbruch und Feuer an Bord infolge Blitzschlags. Näheres hierüber wissen wir nicht. Die entscheidende Wendung in seinem Leben trat aber ein, als sich das griechische Volk zum Befreiungskampf gegen die Türken erhob. Da hielt es Brommy nicht länger bei der Kauffahrtei, er mußte teilnehmen an den Kämpfen der Hellenen, mußte dorthin, wo heißes Feuer aus Geschützrohren lohte. Bei der ersten sich bietenden Gelegenheit nahm er Heuer auf einem Schiff, das nach Griechenland fuhr, und stellte sich zur Verfügung.

Die griechische Marine wurde damals von Thomas Cochrane, Grafen von Dundonald, befehligt, einem Briten von Geburt, der sich als Seeoffizier und radikaler Politiker in seiner Heimat hervorgetan hatte, um später ärgerlicher Zwischenfälle wegen ins Ausland zu gehen. Von 1818 bis 1822 hatte er sich um die chilenische Marine bemüht. Dann begab er sich nach Brasilien, woselbst man ihn bereits im Jahre 1823 wegen seiner Verdienste um die Flotte zum Marquis von Maranhão erhob. Nach dem Friedensschluß zwischen Portugal und Brasilien hatte Cochrane sich nach Griechenland gewandt, das ihn begeistert aufnahm und ihm den Oberbefehl auf dem Wasser übertrug. Brommy wurde von ihm als Leutnant angestellt. Er kam überdies noch an Bord der „Hellas", des kampfkräftigsten der griechischen Schiffe, muß also wohl von vornherein einen trefflichen Eindruck erweckt haben. Die „Hellas" beschoß im Piräus das von den Türken zu einer Befestigung ausgebaute Kloster St. Spyridion und brachte verschiedene türkische Handels- und Transportschiffe auf. Später wurde Brommy Erster Offizier der „Hydra", einer Korvette von 28 Kanonen, die den Türken fortgenommen worden war. Er kreuzte mit dem Schiff im Ägäischen Meer und nahm an der Belagerung von Chios und der Blockade von Navarino teil. Offenbar hat er sich auch hierbei bewährt. Mit 24 Jahren wurde er überdies noch zum Fregattenkapitän befördert; ein Ereignis, über das er in humorvollen Strophen nach Hause berichtete, indem er gleichzeitig seine Schreibfaulheit entschuldigte:

„Drum nehmt den Willen für die Tat,
Es grüßt Euch Rudolph, capitaine de frégate."

Zugleich mit der Beförderung erhielt Brommy das Kommando über das Dampfschiff „Enterprise". Mit ihm und dem Schwesterschiff „Perseverance" beschoß er im September 1828 und später eine Reihe von Küstenplätzen und trug dadurch zu ihrer Besitzergreifung bei. Nach Kriegsende, 1830, wurde er Kommandant der „Hellas", die die Flagge des Admirals Miaulis führte. Sein letztes Bordkommando war die Führung der Korvette „Ipsara", mit der er nach Kreta gesandt wurde, um geflüchtete Christen nach Griechenland zu bringen. Hinterher widmete er seine ganze Arbeitskraft mit Glück und Geschick dem Aufbau der griechischen Marine. Lord Cochrane hatte dem hellenischen Volke ob seiner Schroffheit nicht zugesagt, er war nach England zurückgekehrt. So blieb Miaulis als Höchstkommandierender zurück. Ihn hat Brommy hochverehrt. Er bedauerte es immer wieder, daß dem tüchtigen Manne von seiten des Präsidenten Capo d'Istria Zügel angelegt wurden, die die Marine stark in ihrer Entwicklung hemmten. Als es in Griechenland zum Bürgerkrieg kam, bei dessen Beginn Capo d'Istria ermordet wurde, zog sich Brommy aus dem öffentlichen Dienst zurück. Er unternahm Reisen nach Frankreich und England und begann sich schriftstellerisch zu betätigen. Nach der Ernennung des Prinzen Otto von Bayern zum König von Griechenland begab sich Brommy nach München. Wir dürfen annehmen, daß er mit Miaulis dauernd in Verbindung geblieben ist. Er traf mit dem Admiral, der eine griechische Deputation führte, in Bayerns Hauptstadt zusammen und wurde sogleich wieder als Fregattenkapitän angestellt. Nach seiner Rückkehr nach Griechenland übernahm er das Kommando über das Dampfschiff „Hermes", um später Hafenkapitän, Ausrüstungsdirektor und Mitglied der Seepräfektur der Insel Poros zu werden. Er selbst urteilte hierüber wie folgt: „Mit meiner Lage bin ich vollkommen zufrieden, da sie mir ganz anpassend ist. Außerdem ist bei meinem Alter mein Rang als Hafenkapitän und Kommandant des Arsenals bedeutend. Umsonst bekomme ich jedoch mein Gehalt auch nicht, sondern muß arbeiten, daß ich schier nicht weiß, wo aus noch ein. Kaum habe ich acht Uhr morgens die Rapporte der Offiziere der im Hafen und auf den Werften liegenden Schiffe angenommen und Befehle erteilt, so nehmen die Werkstätten der verschiedenartigsten Arbeiter mich in Anspruch. Kein Wunder, wenn ich den Abendrapport herbeisehne."

Brommy blieb auf Poros bis zum Jahre 1836, wo er als zweiter Kommandant an die Marineschule im Piräus versetzt wurde, deren Einrichtungsplan von ihm entworfen worden war. Er verkehrte viel am Hofe in Athen und war es auch, wie er selbst launig berichtete, „der die schönen Töchter des modernen Griechenlands in die tiefe Wissenschaft des urdeutschen Schleifwalzers einführte und der griechischen Terpsichore dadurch irreparablen Schaden zufügte". Dem Wirken und Streben Brommys wurde durch den Umsturz des Jahres 1843 ein jähes Ende bereitet. Immerhin war seine Stellung derart gefestigt, daß er nicht nur als einziger Deutscher in Griechenland zurückbleiben konnte, mehr noch, man übertrug ihm in Würdigung seiner Verdienste den Vorsitz im Marinekriegsgericht. Ihn drängte es aber zu praktischer Tätigkeit. Demgemäß reichte er 1845 ein Gesuch um Anstellung in preußischen Diensten ein, das jedoch mit nachstehendem Antwortschreiben abschlägig beschieden wurde:

„Ew. Hochwohlgeboren benachrichtige ich, daß Ihr Immediatgesuch vom 16. Februar 1845, worin Sie die Anstellung in der preußischen Marine beantragen, von des Königs Majestät mir zu Ihrer Bescheidung zugefertigt worden ist. Ew. Hochwohlgeboren eröffne ich demnach, daß die Gründung einer preußischen Kriegsmarine zur Zeit nicht beabsichtigt wird. Ihr Wunsch, im preußischen Seedienst eine Anstellung zu erhalten, kann daher keine Berücksichtigung finden."

Traf diese Antwort zu? Man wird mit Ja und Nein antworten können. Die preußischen Schiffe unterstanden damals noch dem Finanzminister. Sie wurden nicht als Kriegsschiffe angesehen, obwohl sie es in mancher Hinsicht waren. Andererseits ging die Linie der Entwicklung ganz deutlich dahin, eine preußische Kriegsmarine zu schaffen, so daß Brommys Gesuch durchaus verständlich war. Bereits am 5. September 1811 hatte der Oberstleutnant und spätere Kriegsminister v. Rauch eine Denkschrift vorgelegt, die einen sorgfältig ausgearbeiteten Flottengründungsplan enthielt. Zwei Jahre später verfügte Preußen über sechs kleinere Fahrzeuge, die im Blockadedienst vor Danzig und Stettin Verwendung fanden. Ein Mann wie Gneisenau hatte klare Vorstellungen über die Bedeutung der Seemacht im Leben der Völker. Im Jahre 1815 erwarb Preußen sechs Kanonenschaluppen von Schweden. Gleichzeitig trat der schwedische Seeoffizier Longé in preußische Dienste. 1816 baute Preußen einen Kriegsschoner „Stralsund", 1817 wurde in Danzig eine Navigationsschule errichtet. 1825 lief das Kanonenboot „Danzig" vom Stapel, 1827 wurde auf dem Dänholm bei Stralsund eine Marinewerft geschaffen, 1836 wurde die Schaffung einer preußischen und einer pommerschen Flottille ins Auge gefaßt. Der König entschied jedoch, daß man zunächst einmal einen „sachverständigen und ausgezeichneten Seeoffizier aus dem Auslande" gewinnen müsse, der für die Zukunft entsprechende Vorschläge machen könne. Man erkennt aus alledem, daß Brommys Antrag durchaus nicht aus der Luft gegriffen war. Aller Wahrscheinlichkeit nach wird er genaue Kenntnis von diesen Verhältnissen gehabt haben. Sein Name und seine Persönlichkeit waren aber nicht nur durch sein Gesuch in Deutschland bekanntgeworden. Seine schriftstellerischen Arbeiten, von denen das zu Beginn des Jahres 1848 erschienene Werk „Die Marine" besonders erwähnenswert ist, hatten die Aufmerksamkeit fachmännischer Kreise auf ihn gelenkt. So kam es zuwege, daß im November 1848 von seiten des Reichsministeriums des Handels der Ruf an ihn erging, bei der Neugründung einer Deutschen Marine mitzuwirken. Brommy folgte der Aufforderung mit Freuden. Im Januar 1849 traf er in Frankfurt a. M. ein, um sich im März nach Bremerhaven zu begeben. Seine Stellung war zunächst die eines Reichskommissars. An Aufgaben, die der Lösung harrten, gebrach es nicht, aber auch nicht an Schwierigkeiten bei ihrer Bewältigung. Es war ja nichts vorhanden — rein gar nichts! Und wenn man in Bremerhaven eine „Seezeugmeisterei für die Nordseeküste" errichtete, so war der Name entschieden prunkvoller als die Anlage. Hannover entsandte als Mannschaftsstamm eine Kompagnie Infanterie und eine Abteilung Artillerie. Da das Königreich aber ängstlich über seine staatliche Selbständigkeit wachte, wurden die Truppen dem Reichskommissar nur lose unterstellt,

Die Strandbatterien bei Eckernförde kämpfen am 5. April 1849 ein dänisches Geschwader nieder

so daß an Stelle straffer Manneszucht eine Art freundschaftlicher Verkehr waltete. Noch schwieriger fiel es, Seeoffiziere anzuwerben. Brommy schreibt hierüber kennzeichnenderweise: „Jeder Engländer glaubt, der dumme Michel müsse ihn mit Gold und Ehre überschütten, wenn er die Gnade hat, ihm seine Dienste anzubieten."

Die Seemacht des kleinen Dänemarks lastete, wie wir schon wissen, in ihrer Ausstrahlung als schwerer Druck auf ganz Deutschland. Der Fluch der Uneinigkeit kam hinzu, um die Lage nahezu unerträglich zu machen. Da brach die Nachricht von einem Siege über die Dänen gleich einem Sonnenstrahl durch die Wolken politischen Verdrusses und politischer Niedergeschlagenheit. Am 5. April 1849 hatten die Strandbatterien bei Eckernförde ein dänisches Geschwader blutig abgewiesen und vollends niedergekämpft. Das Flaggschiff „Christian VIII.", ein Linienschiff von 84 Kanonen, war in die Luft geflogen, die Korvette „Gefion" mit 48 Kanonen war genommen worden. Über den großen Erfolg herrschte in ganz Deutschland ein unbeschreiblicher Jubel. Mit einem Schlage erkannte die Masse des Volkes, was es bedeutete, seemächtig zu sein. Und nun setzte ein echt deutsches, kleinbürgerliches Treiben ein, um dem

Notstand abzuhelfen. Bei Kaffeekränzchen, auf Kegelbahnen, in Versammlungen und Vereinen, an Stammtischen und auf Familienbällen wurden Geldsammlungen für den schleunigen Aufbau einer deutschen Flotte veranstaltet. Nebenher liefen selbstverständlich auch noch ernsthafte Bestrebungen, der Sache zu nützen. Alles in allem wird man aber sagen dürfen, daß bei der Gründung und Unterhaltung der deutschen Flotte von 1848 bis 1852 eine arge Stümperei herrschte, für die als einzige Entschuldigung gelten kann, daß ein politisch ungeschultes Volk über Nacht eine Waffe in seiner Hand sehen wollte, die unter allen Umständen nur in langen Jahren der Entwicklung und unter Aufwendung größerer Mittel geschmiedet werden kann. Brommy und einen engen Kreis deutscher Männer, die sich um die Verwirklichung des Flottenplanes bemühten, trifft der Vorwurf der Stümperei nicht. Genannt seien in erster Linie Prinz Adalbert von Preußen, der Bremer Reichshandelsminister Duckwitz, der Dichter Jordan, der schon erwähnte Kapitän Donner, ein Techniker (Maschinenkenner, wie es damals hieß) Wernher aus Darmstadt, ein Schiffsbaumeister Ulrichs aus Vegesack und verschiedene Landoffiziere. Trotzdem hatte Brommy gegen einen Wall von Schwierigkeiten anzukämpfen, was nicht hinderte, daß er sehr bald zu einer der volkstümlichsten Erscheinungen jener Jahre wurde. Die Mannschaftsfrage ließ sich verhältnismäßig noch am leichtesten lösen. Es erging eine Militärverordnung, die allen, die sich zur Marine meldeten, Befreiung vom Militärdienst zusicherte. Sehr stark war der Andrang von „freiwilligen Seejunkern", ein Zuwachs, der den Staat nichts kostete und im Binnenlande den Sinn für die Marine lebhaft fördern half. Am schwierigsten gestaltete sich die Beschaffung geeigneter Schiffe und die Anwerbung ausgebildeter Seeoffiziere und Seemaschinisten. Von Hamburg wurden die zum Passagierdienst bestimmten Raddampfschiffe „Lübeck", „Hamburg" und „Bremen" angekauft, von denen nur die beiden letzten auf deutschen Werften erbaut waren. „Lübeck" stammte aus Leith. Für den Erwerb weiterer Fahrzeuge mußte man sich im Auslande umtun. Sofort gab es technische und politische Schwierigkeiten. Schließlich glückte es, in England zwei acht Jahre alte Raddampfer anzukaufen, die auf die Namen „Barbarossa" und „Erzherzog Johann", zu Ehren des Reichsverwesers, umgetauft wurden. Später kamen dann noch hinzu: „der königliche Ernst August", eine Radkorvette, 1849 in England gebaut, die „Deutschland", eine hölzerne Segelfregatte, 1819 in Ostindien gebaut, die „Eckernförde", die frühere „Gefion", erobert in dem siegreichen Gefecht gegen die Dänen, die „Frankfurt", eine Dampfkorvette, 1849 in Bristol fertiggestellt, der „Großherzog von Oldenburg", ein Schwesterschiff der „Frankfurt", die „Hansa", eine Radfregatte, 1848 in New York erbaut, und mehrere Kanonenboote, sämtlich an deutsche Werften vergeben. Wie die Schiffe, so wurden auch die Offiziere in der Hauptsache im Auslande gewonnen, und zwar aus Belgien und den Vereinigten Staaten von Amerika. So kam es zuwege, daß in den Messen der deutschen Kriegsschiffe mehr französisch und englisch als deutsch gesprochen wurde. Brommys Verdienste wurden allseitig anerkannt. Offenbar haben in ihm nicht nur eine starke organisatorische Kraft, sondern auch jene Anlagen gesteckt, die einen tüchtigen Seemann ausmachen. Beides ist für einen Führer auf dem Wasser unerläßlich, vor allem unter solch eigenartigen Umständen wie die, unter denen Brommy arbeiten mußte.

Anfang Juni 1849 hielt der tatkräftige Mann einen Teil seines Geschwaders für schlagbereit. Mit „Barbarossa", „Hamburg" und „Lübeck" ging er vor die Wesermündung, um den Riegel der dänischen Seemacht zurückzuschieben. Es kam am 4. Juni 1849 zu jenem sattsam bekannten kurzen Gefecht mit der dänischen Korvette „Valkyren", das durch das Eingreifen englischer Gewalt von Helgoland aus — es erfolgte ein Warnschuß wegen angeblich drohender Verletzung der Hoheitsgewässer — nach kurzer Dauer abgebrochen werden mußte. Die Offiziere Brommys murrten zwar und behaupteten, England habe kein Recht einzugreifen. Brommy blieb trotzdem bei seinem Entschluß. Ihm waren vom Parlament in Frankfurt die Hände gebunden, die Volksvertreter fürchteten zwischenstaatliche Schwierigkeiten. Und sie täuschten sich hierin nicht. Die englische Regierung hielt es nach dem Gefecht für angezeigt, eine Note an den Hamburger Senat zu schicken des Inhalts, daß man die schwarz-rot-goldene Flagge, die an Bord der deutschen Schiffe geweht habe, nicht als Kriegsflagge ansehen könne, solange keine „vorhandene" (d. h. international anerkannte) Regierung jene Schiffe als unter ihrer Botmäßigkeit stehend anerkenne, und daß daher Schiffe, die diese Flagge zeigten, sich der Gefahr aussetzten, als Piraten behandelt zu werden. Von diesem kalten Wasserstrahl, der ein ohnmächtiges Haupt traf, hat sich das Frankfurter Parlament in seinen Seemachtbestrebungen, aber auch die junge deutsche Flotte nicht mehr erholen können. Ihr Unglück war, daß sie im Dienste einer staatlichen Macht stand, die nur auf dem Papier vorhanden war. Brommy ließ dennoch nicht ab, für die Ausrüstung und Ausbildung

Admiral Brommy mit „Barbarossa", „Hamburg" und „Lübeck"
im Kampf mit der dänischen Korvette „Valkyren" am 4. Juni 1849
vor der Wesermündung

der ihm anvertrauten Flotte das Menschenmögliche zu tun. Er war in Wahrheit die Seele des ganzen Unternehmens. Als er einmal aus dienstlichen Gründen für längere Zeit abwesend war, lockerten sich sofort die Bande der Manneszucht. Im November 1849 wurde er in Anerkennung seiner hohen Verdienste zum Konteradmiral ernannt. Er erhielt aus diesem Anlaß ein besonders herzliches Anerkennungsschreiben vom Prinzen Adalbert. Der Verfall der Flotte ließ sich aber nicht mehr aufhalten, weil der Reichsgedanke dem verhängnisvollen Wirken deutscher Eigenbrötelei unterlag. Brommy behielt trotzdem bis zum Schluß den Kopf oben. Noch am 6. Februar 1852 schrieb er an seine Schwester: „Sollten Dir manchmal fatale Gerüchte über die Flotte zukommen, so glaube nicht eher daran, als bis ich es Dir selbst schreibe. Noch habe ich guten Mut!" Am 7. April 1852 ereilte ihn dann aber doch die Verordnung über die Auflösung.

Durch diesen schweren Schicksalsschlag wurden Brommys Stolz und Kraft gebrochen, er hat sich nicht mehr von dem Schlage erholt. Als ein still in sich Gekehrter verbrachte er den Rest seines Lebens. Am 9. Januar 1859 erlöste ihn der Tod. Er klopfte bei einem Manne an, der ob der Not und Irrungen seines Vaterlandes an einer siechen Seele gestorben war.

Adalbert, Prinz von Preußen

Prinz Adalbert war ein Sohn des Prinzen Wilhelm von Preußen, eines Bruders von Friedrich Wilhelm III. Er kam am 29. Oktober 1811 als Zwilling zur Welt. Sein älterer Bruder Thassilo starb ein Jahr nach der Geburt. Adalbert verlebte seine Jugendzeit im Schloß zu Berlin, seit 1820 auf dem Schloß Fischbach in Schlesien. Hier bahnte sich ein eifrig gepflegter Verkehr mit dem Feldmarschall Gneisenau an, der als Nachbar zu Fischbach auf dem Gute Erdmannsdorf wohnte. Von ihm empfing der junge Prinz seine ersten Anregungen, über Fragen des Weltverkehrs und einer Flottengründung nachzudenken. Im Schloßteich zu Fischbach, einem flachen Gewässer von hundert Metern im Geviert, hat er sich derart eifrig mit Booten und Modellschiffen beschäftigt, daß seine Liebhaberei in der ganzen Umgebung Tagesgespräch wurde. Die Überlieferung des preußischen Herrscherhauses brachte ihn zur Armee. Er tat hintereinander im 1. Garderegiment, im Gardejäger-bataillon, im 2. Garderegiment und bei der Garde-Artilleriebrigade Dienste. Im Jahre 1832 sah er zum ersten Male das Ausland. Die Reise führte ihn nach Holland, wo er auf den Spuren seines Ahnen, des Großen Kurfürsten, wandelte, und nach England. Daß seine Neigungen für das Wasser in nichts an Kraft eingebüßt hatten, geht aus einem Brief der Mutter, der Prinzessin Marianne, hervor, in dem es hieß: „Ich kann mir lebhaft denken, wie glücklich Du Dich in Deinem Element wirst gefunden haben unter all den Schiffen und dem Wasser." Prinz Adalbert hat während dieser Reise gewissenhaft Tagebuch geführt. Am aus-führlichsten wurden seine Eintragungen, als er in den berühmten Kriegs-häfen Altenglands, in Sheerneß und Chatham, weilte. Er war Gast des Admirals Beresford, eines Helden aus Nelsons Zeit, und hing an den Lippen seines Wirtes, wenn der Brite von allerhand Kriegserleb-nissen berichtete. Wie stark die Eindrücke gewesen sind, die der Prinz im Verkehr mit britischen Seeoffizieren und an Bord immer wieder aufgesuchter britischer Kriegsschiffe erhielt, geht daraus hervor, daß er es nach seiner Heimkehr schmerzlich vermißte, „keine Salzwassergeschichten mehr zu hören". Gewiß, an Kriegsruhm und kriegerischen Erinnerungen gebrach es auch in Preußen nicht. Aber die Erzählungen von Männern, wie Beresford, Seymour und Cochrane, die einer Flotte angehörten, die den Dreizack Neptuns unbestritten in Händen hielt, hatten den Geist des Einundzwanzigjährigen in nachhaltigster Weise beeinflußt. Ein längerer Aufenthalt in Swinemünde tat ein übriges, um die Vorliebe für die See zu vertiefen.

Es wäre nun durchaus falsch, zu glauben, der Prinz habe mit seiner Liebhaberei allein gestanden. Ganz im Gegenteil! Es gab damals in Preußen außer Gneisenau noch eine stattliche Zahl von Männern, die dem Seemachtgedanken, man darf sagen, mit Inbrunst anhingen. Genannt seien nur der Kriegsminister v. Rauch, der schon im Jahre 1811 als Oberstleutnant die Frage einer Flottille für das Frische Haff und für die Seeverbindung zwischen Danzig, Königsberg und Memel eingehend behandelt hatte. Der Kommandant von Stralsund, General von Engelbrechten, schaute noch weiter. Er schrieb in einem dienstlichen Bericht: „Mag es mir erlaubt sein, die Bemerkung hinzuzufügen, daß Handel und Schiffahrt die Hauptquellen des Nationalreichtums sind, daß Handel und Schiffahrt aber nur unter dem Schutze einer Marine blühen und gedeihen können." Auch der Oberpräsident von Vorpommern, Sack mit Namen, trat warm dafür ein, den „Plan einer Marine nicht aufzugeben". Schließlich hat ein Major Enke als Dezernent im Kriegsministerium ein sehr eingehendes Gutachten über den Wert einer Seeverteidigung erstattet. Er wurde später eine zuverlässige Stütze des Prinzen Adalbert. Dessen Eingreifen in den Gang der Entwicklung stammt aus dem Jahre 1836, wo er durch den ihm befreundeten Kapitän der englischen Marine Mingaye eine Denkschrift aufsetzen ließ, die in dem klugen Satze gipfelte, „daß der Zeitpunkt des unbestreitbaren Sieges des Dampfes über Segel- und Ruderkraft der günstigste sei zur Erlangung einer von vornherein gewaltigen Seemacht für Preußen". Alle Bemühungen scheiterten jedoch an der Sperre des auf strengste Sparsamkeit eingestellten Staatshaushalts.

Das Jahr 1836 hat dem Prinzen eine Reise über das Schwarze Meer nach Konstantinopel beschert. Von dort ging es weiter nach Smyrna, dem Piräus und Triest, und zwar an Bord der österreichischen Kriegskorvette „Marianne". Tagebuchaufzeichnungen aus jener Zeit beweisen, daß Prinz Adalbert ein überaus scharfes Auge für seestrategische Fragen besaß. Auch auf dieser Fahrt nahm er Gelegenheit, mit führenden Männern der britischen Marine in nähere Beziehungen zu treten, insonderheit mit Sir Howard Douglas, der unbestritten als der bedeutendste Artillerist aller Marinen galt. Die Folge war, daß der Prinz, weil es nun einmal eine preußische Kriegsmarine nicht gab, in seinem militärischen Verhältnis immer wieder zur Artillerie zurückstrebte: 1839 wurde er mit der Führung der Garde-Artilleriebrigade beauftragt.

Mit dem Regierungsantritt Friedrich Wilhelms IV. (1840) kam endlich Fluß in die zaghaften Marinebestrebungen Preußens. Der König hatte sich schon als Kronprinz für Flottenbaupläne eingesetzt. Man begann mit einer Zwittergründung, indem man in Gestalt der Korvette „Amazone" ein staatliches Schulschiff zur Ausbildung von „künftigen Seeschiffsführern" baute. Das Schiff führte gemäß ausdrücklicher Bestimmung des Königs die Kriegsflagge, es unterstand jedoch dem Finanzminister. Noch vor der Fertigstellung, die erst im Jahre 1843 glückte, wurde Prinz Adalbert auf eine weite Fahrt geschickt. Er erhielt den Auftrag, dem jungen Kaiser Don Pedro II. von Brasilien die Insignien des Schwarzen Adlerordens zu überbringen. Der Londoner Hof bot Schiffe für die Überfahrt an, ebenso der Hof zu Turin, zu dessen Gunsten die Entscheidung fiel, so daß sich Prinz Adalbert an Bord der italienischen Fregatte „San Michele" einschiffte. Daß sein Geist auch auf dieser Reise, die für einen preußischen Prinzen etwas ganz Ungewöhnliches darstellte, reichste Eindrücke gewann, ist selbstverständlich. Immer lebhafter kreisten seine Gedanken um Fragen preußischer Seegeltung und Handelsgröße, immer tiefer versenkte er sich ausweislich seines Tagebuches in seestrategische Dinge. Die Reise führte über Malaga, Gibraltar, Cadiz nach Madeira. Über sein Leben an Bord berichtete er: „Ich bin sehr beschäftigt, Karten werden gelernt, Masten aufgetakelt, und nun schon die Elemente des Segelexercitiums, vorläufig nicht hoch über Deck, vorgenommen, Segel reefen, festmachen usw. Dabei wird die Theorie der Marine studiert und Länge und Breite bestimmt. Ich hoffe, noch vor Rio von der mir gegebenen Erlaubnis Gebrauch machen zu können, selbst das Manöver an Bord der Fregatte zu kommandieren." In Rio unterließ es der Prinz nicht, und dies war ein glücklicher Gedanke von ihm, jedes einlaufende preußische Handelsschiff — es waren ihrer drei — zu besuchen. Bemerkenswert ist, daß er bei dieser Gelegenheit zum erstenmal Ankerketten sah. Im allgemeinen bediente man sich zu jener Zeit noch stählerner Trossen. Im März 1843 traf der Prinz wieder in Berlin ein, um von nun ab als Generalinspekteur der gesamten Artillerie tätig zu sein. Auch in dieser Zeit beschäftigte er sich mit Fragen des

Artilleriekampfes auf See. Auf der Reise nach Brasilien hatte er von Gibraltar aus einer Schießübung an Bord des englischen Linienschiffes „Thunderer" beigewohnt. Die hier gewonnenen Eindrücke hafteten besonders nachhaltig. Wie man sonst in Preußen hierzu stand, das hat Vizeadmiral Batsch in die folgenden treffenden Worte gekleidet: „Was Artillerie war, wußte man im Lande; auch den Begriff eines Schiffes konnte man sich vergegenwärtigen, obgleich man ein Gefühl hatte, daß das eine besondere Spezialität der Hansestädte sei. Nun gar eine Vereinigung von Schiff und Artillerie, den Gedanken überließ man jenen träumerischen Köpfen, denen die Scholle des Glückes nicht genug bot, oder denen das Glück schon so abhold war, daß sie sich im Lande nicht mehr redlich ernähren konnten. Das war gut für Schweden und Dänen, für Engländer verstand es sich von selbst; von den Franzosen sprach man in dieser Beziehung nicht, denn sie hatten sich auf dem Wasser nur gegen die Engländer zu verteidigen und waren — soviel man wußte — von diesen immer geschlagen worden."

Das Jahr 1848 räumte mit solchen verstaubten Ansichten auf; am gründlichsten in Preußen. Wer in den Ruf nach einer „Achtung gebietenden Flotte" nicht mit einstimmte, wurde plötzlich für einen „Schwachkopf" gehalten. Prinz Adalbert trat an die Spitze der Bewegung. Sein treuer Ratgeber wurde der ehemals holländische Seeoffizier Jan Schroeder, der die Stellung eines Direktors der Danziger Navigationsschule und des preußischen Navigationsschulwesens bekleidete. Bei Beginn des Jahres 1848 verfügte der Preußische Staat über ein Marinedepot in Stralsund, über zwei Kanonenjollen und eine der Garde-Pionierabteilung zugeteilte Sektion Garde-Mariniers. Hinzu kam die bereits erwähnte Korvette „Amazone", die nunmehr das Kriegsministerium übernahm. Eine Königliche Ordre vom 22. Mai trug dafür Sorge, daß zunächst einmal 36 Kanonenschaluppen und 6 Kanonenjollen in Bau gegeben wurden. Der zwischen Stettin und Petersburg verkehrende Postdampfer „Preußischer Adler" wurde bestückt. In Stralsund lief ein bereits in Bau befindliches Kanonenboot, „Strelasund", noch im August von Stapel. Der Aufbau der Marine wurde einer Kommission unter dem Vorsitz des Prinzen Adalbert übertragen. In Stettin entstand ein Marinierkorps, das zwei Kompanien umfaßte und sowohl seemännisches wie technisches Personal ausbildete. Ihre Feuertaufe empfing die preußische Flotte am 27. Juni 1849, wo der „Preußische Adler" unter Leitung des Kommodore Schroeder bei Brüsterort ein fünf

Stunden währendes Gefecht gegen die dänische Brigg „St. Croix" durchführte.

Das Kennzeichen der Entwicklung während der nächsten Jahre sind nun Stetigkeit, Gründlichkeit, eine allen Anforderungen gerecht werdende Planmäßigkeit und der ausgesprochene Drang, sich freizumachen von der Enge der Ostseegewässer. Es bedarf kaum der Erwähnung, daß die Kriegsereignisse der Jahre 1848/49 in Prinz Adalbert die Überzeugung vertieften, daß die preußische Wehrmacht zu Lande der Ergänzung durch eine Wehrmacht zur See nicht länger entraten könne. Er hat seine Arbeitskraft auch dem Frankfurter Parlament zur Verfügung gestellt. Viel Genugtuung hat er jedoch an dieser Tätigkeit nicht empfunden. Dem Parlament fehlte der unerläßliche militärische Geist. Der Prinz erkannte sehr bald, daß man von unten aufbauen müsse. Eine seiner ersten, mit Eifer durchgeführten Maßnahmen war die Ausbildung von Seekadetten und Schiffsjungen, um ein geschultes Berufspersonal an Hand zu bekommen. Was er in Denkschriften über Deutschlands strategische Lage zur See niederlegte, verdient noch heute unsere ernsteste Beachtung. Er hat damals schon das Augenmerk auf Kiel und die Jade als für Kriegshäfen geeignete Plätze gelenkt, obwohl er in der Ostsee Danzig den Vorzug gab. Diesen Irrtum hat er später eingesehen. Daß es in Preußen nicht an Männern fehlte, die ihre Flottenbegeisterung nach dem Friedensschluß mit Dänemark zu den Akten legten, sei nicht verschwiegen. Man sprach in solchen Kreisen von einer „Marotte" des Prinzen und legte ihm selbst den Spottitel eines „Oberkahnführers" bei. Um so heller erstrahlt der Ruhm der Zähigkeit, mit der er das gesteckte Ziel verfolgte. Seinen Bemühungen war es auch zu danken, daß preußische Seekadetten zur Dienstleistung in der Flotte der Vereinigten Staaten von Amerika abkommandiert wurden. England und Frankreich bewiesen als Nachbarn in dieser Hinsicht kein Entgegenkommen. England hat sich später auf einen anderen Standpunkt gestellt und verschiedene preußische Seeoffiziere an Bord seiner Schiffe gesehen.

Die Schwankungen, denen die junge preußische Marine seit ihrer Gründung unterworfen war, waren nur vorübergehend. Im allgemeinen darf man von einer aufwärtssteigenden Kurve der Entwicklung sprechen. Im Winter 1850—51 unternahm das Kadetten- und Schiffsjungenschulschiff „Merkur" unter dem Kommando des Kapitäns zur See Donner, der inzwischen von der schleswig-holsteinischen Marine übernommen worden war, eine Kreuzfahrt nach Westindien. „Merkur" war, wenn er

Kadetten- und Schiffsjungenschulschiff „Merkur" im Jahre 1850 auf der Fahrt nach Westindien

auch keine Geschütze an Bord führte, das erste preußische Kriegsschiff, das nach fast 180 Jahren die Flagge in fernen Meeren zeigte. Der Prinz war inzwischen mit dem englischen Schiffbaumeister Scott Russell in Verbindung getreten. Das Ergebnis war der Bau der Korvette „Danzig" und der Radavisos „Nix" und „Salamander". Danzig war die Bauwerft. Die Auflösung der Deutschen Flotte gereichte der preußischen Marine insofern zum Nutzen, als sie die Fregatte „Gefion" und die Dampfkorvette „Barbarossa" übernahm. Diese Vermehrungen des Schiffsbestandes gaben den Anlaß, die Marineleitung unter der Bezeichnung Admiralität selbständig zu machen. Sie war bis dahin als „Angelegenheiten der Küstenflottille" dem Kriegsministerium angegliedert. Die Kabinettsordre stammte vom 14. November 1853. Ein halbes Jahr später wurde Prinz Adalbert seiner Stellung als Generalinspekteur der Artillerie enthoben und zum „Admiral der preußischen Küsten" ernannt. Gleichzeitig erfolgte die Schaffung der Stationskommandos der Ostsee und Nordsee. Preußen übernahm hiermit vertragsgemäß den Schutz des oldenburgischen Seehandels sowie den Schutz der oldenburgischen Küsten gegen feindliche Angriffe von der

Wasserseite her. Gegen Zahlung von 500000 Talern überließ Oldenburg an Preußen das Jadegebiet. Die Anlage eines Kriegshafens in diesem, man darf getrost sagen weltverlorenen Erdenwinkel stieß auf ungeahnte Schwierigkeiten und erforderte ein beispielloses Maß an Zähigkeit im Durchhalten. Andererseits muß anerkannt werden, daß hier ein weitschauender Geist am Werke war. Man hat damals schon die Schaffung eines für große Schiffe brauchbaren Eiderkanals erwogen, um Ost- und Nordsee durch eine strategisch sichere Wasserstraße zu verbinden. Für die Ausführung des Planes fehlte es jedoch an Geld. Bei allen Fragen hat die Mitarbeit des Prinzen in vorderster Reihe gestanden. Seine vornehmste Aufgabe erblickte er jedoch darin, eine genügende Zahl kriegsbrauchbarer und seetüchtiger Schiffe bereitzustellen, indem er vor allen Dingen den Kleinkram der ersten Beschaffung durch größere Fahrzeuge ersetzen wollte. Der schwedische Schiffbauer Gjerling ging ihm bei diesen Bemühungen in erster Linie zur Hand. Gleichlaufend hiermit entwickelte der Prinz eine umfassende Mannschaftsorganisation. Der Dienst in der Marine wurde dank der planvollen Entwicklung sehr bald volkstümlich. Besonders kennzeichnend für den klaren Blick des Prinzen ist es nun, daß er die Gelegenheit des Krimkrieges wahrnahm, um dem ihm anvertrauten Nachwuchs des Offizierkorps Kriegserfahrungen zu verschaffen. Preußen blieb bekanntlich neutral, trotzdem trug der Prinz dafür Sorge, daß mehrere preußische Seekadetten an Bord von englischen Schiffen an den Beschießungen von Sewastopol, Bomarsund und Sveaborg teilnahmen.

Das Jahr 1856 bescherte dem Prinzen dann selber die Feuertaufe im Dienste der Marine. Der Anlaß lag Jahre zurück. Am 5. Dezember 1852 war die Stettiner Brigg „Flora", die sich auf der Reise nach Marseille befand, bei Flaute in die Nähe der marokkanischen Küste getrieben. Ein großes Küstenfahrzeug, vom Stamme der Beni-Julafa-Kabylen besetzt, hatte die Brigg geentert, den Mann am Ruder niedergeschossen, den sich wehrenden Kapitän verwundet und das Schiff völlig ausgeplündert. Ein Preußen, das sich anschickte, mittels Staatsvertrages die förmliche Pflicht des Handelsschutzes zu übernehmen, konnte die der eigenen Flagge angetane Unbill nicht ungesühnt lassen. Der König vertrat diese Auffassung mit Wärme, der Prinz unterstützte ihn hierin aufs lebhafteste. Er hat in einer ausführlichen Denkschrift ausgearbeitet, was zu geschehen habe. Sein Plan war, die Häfen von Mogador und Tanger zu blockieren. Die vorhandenen Seestreitkräfte reichten seiner Über-

Das Flaggschiff des Prinzen Adalbert, die Dampfkorvette
„Danzig", bei Tres Forcas am 7. August 1856

zeugung nach hierfür aus, was er im einzelnen begründete. Des Prinzen
Schwung in dieser Sache stieß jedoch auf nur schwaches Verständnis.
Es folgten langwierige Verhandlungen, als Gespenster wurden allerhand
diplomatische Schwierigkeiten gesehen. Schließlich verschlang das
Interesse an der großorientalischen Frage die Fülle der Erörterungen.
Man verzichtete darauf, sich Genugtuung zu verschaffen. Der Prinz hielt
trotzdem in seinem Innersten an der Sache fest. Im Jahre 1856 setzte
er zum erstenmal seine Flagge als Chef eines preußischen Geschwaders,
das aus der Dampfkorvette „Danzig", der Fregatte „Thetis", der Korvette „Amazone", dem Schulschiff „Merkur" und der Brigg „Frauenlob"
bestand. Vor Madeira fand eine Teilung des Verbandes statt. Die
Schiffe kehrten zum Teil nach der Heimat zurück oder segelten nach dem
La Plata. Die „Danzig", mit dem Prinzen an Bord, suchte das Mittelmeer auf, nachdem man vor Mogador geankert und den Ort eingehend
besichtigt hatte. Die Fahrt führte an der Küste entlang. Man besuchte
die berüchtigten Raubnester Rabat und Saleh, später noch Azigan und

El Araisch. Nach Auffüllung der Kohlen- und Proviantvorräte in Gibraltar ließ der Prinz Tres Forcas ansteuern, jenen Ort, von wo aus die Stettiner Brigg überfallen worden war. Am 7. August wurde in der Morgenfrühe beim Kap geankert. Der Prinz ließ Boote aussetzen und ruderte mit ihnen an der steilen Küste entlang, um eine Besichtigung der Schlupfwinkel des Stammes der Beni-Julafa aus der Nähe vorzunehmen. An eine Landung war nicht gedacht. Plötzlich wurde von Land aus auf die Boote gefeuert. Der Prinz kehrte sofort an Bord zurück. Für ihn gab es keinen Zweifel: dieser Angriff auf die preußische Kriegsflagge durfte nicht tatenlos hingenommen werden! Die „Danzig" machte „Klarschiff". Unter ihrem Bomben- und Kartätschenfeuer setzten die Boote ein zweites Mal von Bord ab, nunmehr aber mit einem Landungskorps in Stärke von 68 Mann. Die Steilküste wurde gestürmt, auf der gewonnenen Hochebene ging es vorwärts. Von allen Seiten sprangen und glitten Kabylen herbei. Heiß schlug der Feueratem hin und her. Der Prinz erhielt einen Schuß durch den linken Oberschenkel, neben ihm sank sein Adjutant, der Leutnant zu See I. Klasse Niemann, in die Brust getroffen, zu Boden. Über eine Stunde währte der Kampf. Die Masse der Feinde schwoll zur Flut. Da brach der Prinz das Gefecht als aussichtslos ab. Leutnant zur See Batsch deckte den Rückzug, der in aller Ruhe und Ordnung vor sich ging. Noch in die Boote schlugen die feindlichen Kugeln. Der Prinz ließ jedoch nicht eher absetzen, als bis sein Adjutant geborgen war. Insgesamt hatte man bei der Rückkehr an Bord einen Verlust von sechs Toten und neunzehn Verwundeten zu beklagen. Der Prinz mußte seiner Verwundung wegen in Gibraltar ausgeschifft werden. Das Ganze war gewiß nur ein Abenteuer, und politische Folgen hatte es auch nur insofern, als die ganze Welt aufhorchte und dem Mut des preußischen Adlers seine Anerkennung nicht versagte. Von einem französischen Admiral, der später die Küste bei Tres Forcas kennenlernte, stammt das Wort: „Wenn es nicht vollendete Tatsache wäre, daß die Preußen an dieser Stelle gelandet sind, so würde ich es für unmöglich halten." Das Abenteuer, zu dem man ohne sein Zutun gekommen war, mußte aber überstanden werden. Die Ehre der Flagge verlangte es. Hätte der Prinz nach der Beschießung seiner Boote nichts unternommen, dann hätte die ganze Welt — niemand wird daran zweifeln — mit höhnischen Fingern auf ihn und die preußische Marine gezeigt!

Die nächsten Jahre sollten dem Prinzen manche dienstliche Enttäuschung bringen. Im Auf- und Ausbau der Marine machten sich allerhand störende Einflüsse bemerkbar, deren man nicht Herr wurde. Widerstrebende Ansichten und Mangel an Mitteln warfen einen Hemmschuh nach dem anderen in den Weg. Kommando und Verwaltung lagen sich im Sinne echt deutscher Kleinigkeitskrämerei unausgesetzt in den Haaren. Man suchte und fand einen Ausweg, indem man das Kriegs- und Marineministerium wieder zusammenlegte. Der Prinz blieb Oberbefehlshaber und Generalinspekteur der Marine, der Kriegsminister v. Roon wurde gleichzeitig Marineminister. Der Prinz hat sich mit dieser Regelung der Dinge nicht abfinden können. Er fühlte sich in seinem Einfluß auf die personelle und materielle Entwicklung der Marine mit Recht über Gebühr beschränkt. Hinzu kamen schwere Schiffsverluste. Die „Frauenlob" ging in Ostasien unter, die „Amazone" an der holländischen Küste. Es gebrach nicht an scharfen Kritiken, es hieß in alter Kurzsichtigkeit, das Wasser sei nicht Preußens Element. Niemand trug schwerer an den Verlusten als der Prinz, niemand empfand aber auch die Angriffe gegen die Marine so bitter wie er. Er hatte das Menschenmögliche geleistet, um die Entwicklung seiner geliebten Waffe zu fördern. In einem Lande aber, wo sich im Jahre 1864 das Dogma bereits wieder eingebürgert hatte, der Preußische Staat sei nicht imstande, der dänischen Monarchie auf See die Spitze zu bieten, hielt es schwer, etwas Vollkommenes und allen Bedürfnissen Angepaßtes zu erreichen. Trotzdem hat sich Prinz Adalbert nicht gescheut, die Verantwortung für den Seekrieg gegen Dänemark zu übernehmen, obwohl er seiner ganzen Veranlagung zufolge nicht nach dem Lorbeer falschen Ruhmes geizte. Er war ein Mann der Pflichterfüllung, die bei ihm auf dem Boden klarer Erkenntnisse wuchs, und diese Erkenntnisse sagten ihm, daß Preußens Seemacht seiner politischen und militärischen Stellung keineswegs entsprach.

Das Jahr 1869 sollte dem Prinzen einen Höhepunkt in seiner dienstlichen Laufbahn bescheren. Am 16. Juni wurde der Nordseehafen, wurde Wilhelmshaven eingeweiht. „Mit dem ihm eigenen Zug von Bescheidenheit", so berichtet Vizeadmiral Batsch, „vermied es der Prinz, im Vordergrund der auf der Spitze der Nordmole versammelten Gruppe zu stehen, und es war vielleicht Zufall, daß die Denkschrift mit der besonderen Erwähnung seines Namens sich nicht oder wenig befaßt; aber der König wußte, wem er das Werk zu danken hatte, er reichte ihm beide Hände und umarmte ihn wiederholt aufs herzlichste."

Der Krieg von 1870/71 gab dem Prinzen endlich Gelegenheit, seine Organisationspläne für die Marine mit Wärme, aber auch mit Erfolg zu vertreten. Seinen unablässigen Bemühungen ist es schließlich zu danken gewesen, daß die Marine wieder vom Kriegsministerium gelöst und auf eigene Füße gestellt wurde. Nur so war ihr ein Gedeihen möglich, das ihrer Eigenart entsprach.

Am 6. Juni 1873 hat Prinz Adalbert seine Augen für immer geschlossen. In der Geschichte deutscher Seegeltung steht sein Name unauslöschbar verzeichnet. Er war der Bahnbrecher für eine später einsetzende Entwicklung, die mit den Namen Kaiser Wilhems II. und des Großadmirals v. Tirpitz untrennbar verknüpft ist und schon heute den Ruhm geschichtlicher Größe geerntet hat.

Unter der Flagge Schwarz-Weiß-Rot

Infolge des siegreichen Krieges von 1866, der zur geschichtlichen Notwendigkeit geworden war, um die Frage von Preußens Vormachtstellung innerhalb des Reiches der Deutschen vor aller Welt zu bekunden, gelang es, die norddeutschen Staaten unter Preußens Führung bundmäßig zusammenzufassen. Der Artikel 53 der Verfassung des „Norddeutschen Bundes", die am 1. Juli 1867 in Kraft trat, bestimmte in seinem ersten Teil: „Die Bundeskriegsmarine ist eine einheitliche unter preußischem Oberbefehl. Die Organisation und Zusammensetzung liegt seiner Majestät dem König von Preußen ob, welcher die Offiziere und Beamten der Marine ernennt und für welchen dieselben nebst den Mannschaften eidlich in Pflicht zu nehmen sind. Der Kieler Hafen und der Jadehafen sind Bundeskriegshäfen. Der zur Gründung und Erhaltung der Kriegsflotte und der damit zusammenhängenden Anstalten erforderliche Aufwand wird aus der Bundeskasse bestritten." Und im Artikel 55 wurde festgesetzt: „Die Flagge der Kriegs- und Handelsmarine ist schwarzweiß-rot." Der Flaggenwechsel mit der preußischen Kriegsflagge, die nahezu zwanzig Jahre in hohen Ehren und wachsendem Ansehen über allen Meeren geweht hatte, erfolgte in feierlicher Form am 1. Oktober 1867. Man sieht hieraus, daß man zu jener Zeit auch bei Ausübung von Staatsakten geruhsamer vorging, als es den Gepflogenheiten unserer ganz auf Hast gestellten Tage entspricht.

Das letzte Wort bei Auswahl der Farben schwarz-weiß-rot hatte Preußens König gesprochen. Bismarcks geschichtlich geschulter Takt war es aber gewesen, der diese Farben zusammengestellt und seinem Herrn vorgeschlagen hatte. In Schwarz-Weiß lebte Preußens große Erinnerung fort, rot oder rot-weiß waren die Farben nahezu aller großen Seehandelsstädte, so daß eine Zusammenstellung geglückt war, die die natürliche Vereinigung Preußens mit dem alten Hansegeist verkörperte. Die neue Kriegsflagge, wie sie am Skagerraktage über den Schiffen der Kaiserlichen Flotte wehte, ist dem Prinzen Adalbert von Preußen zu verdanken. Aus seiner Denkschrift, die den Flaggenentwurf begleitete, ist besonders beachtenswert, daß der Prinz die neuen Farben König

1. Oktober 1867. Niederholen der preußischen Kriegsflagge,
Heißen der Bundeskriegsflagge

Wilhelm dadurch schmackhaft machte — auch Bismarck hatte ähnlich verfahren —, daß er die Erinnerung an Kurbrandenburgs „roten" Adler aufleben ließ. In der Denkschrift steht: „Es ist der Marine erwünscht, das weiße Flaggentuch, welches seit der brandenburgischen Zeit unverändert geblieben, auch ferner beizubehalten. Um auf demselben nun die schwarz-weiß-roten Streifen, eine würdige Kombination der alten brandenburgischen und preußischen Farben, auf eine Weise anzubringen, wie Zeichen ähnlicher Bedeutung bei anderen Marinen existieren (Union Jack von Großbritannien), so schlage ich alleruntertänigst die Teilung der Flagge durch das Eiserne Kreuz vor, ein Symbol, auf welches die Marine besonderen Wert legt."

König Wilhelm I. hat nun den Entwurf des Prinzen in strenger Anlehnung an die Kriegsflagge der preußischen Marine dahin abgeändert, daß er den preußischen Adler in die Mitte der Kriegsflagge setzte und das Eiserne Kreuz auf das schwarz-weiß-rote Obereck der Flagge legte. Auf diese Weise blieben die weiße Grundfarbe und die herkömmlichen Abzeichen der preußischen Kriegsflagge, Adler und Eisernes Kreuz, in der neuen Kriegsflagge des Norddeutschen Bundes bestens bewahrt. Ausdrücklich sei hervorgehoben, daß es sich bei Schaffung der schwarz-weiß-roten Flagge für die Handels- und Kriegsmarine nicht etwa um eine deutsche Nationalflagge, sondern lediglich um ein Abzeichen für die Seefahrt gehandelt hat. Daß die neuen, in seltener Würde und Schönheit strahlenden Farben im Laufe der kommenden Jahrzehnte ganz von selbst dem deutschen Volk ans Herz wuchsen, mit dem Ergebnis, daß sie letzthin aus eigener Kraft Deutschlands Nationalfarben wurden, vor allem im Auslande, wo kleinstaatlerische Gedanken vor der Wucht fremder völkischer Kräfte am ersten erlahmten, soll und darf uns die Gewißheit geben, daß Bismarck auch hier ein Werk geschaffen hat, das aus der Tiefe der deutschen Volksseele emporwuchs und nun wieder unser stolzer Besitz ist, nachdem es für die Spanne von vierzehn traurigen Jahren aus schnöder Verbannung geschichtlich gewordener Werte und aus feiger Kompromißsucht schmählich verraten worden war.

Als im Sommer 1870 der Krieg gegen Frankreich entbrannte, befand sich das dem Prinzen Adalbert unterstellte Panzergeschwader der Flotte des Norddeutschen Bundes in England. Es setzte sich aus den Panzerfregatten „König Wilhelm", „Kronprinz", „Friedrich Karl" und dem Panzerfahrzeug „Prinz Adalbert" zusammen. Die Schiffe hatten in Plymouth gedockt — die Möglichkeit hierfür bestand in den deutschen Kriegshäfen noch nicht — und sollten zur Erprobung ihrer neuen Lafetten Schießübungen im Atlantischen Weltmeer abhalten. Hierzu kam es jedoch nicht. Die umlaufenden Kriegsgerüchte gaben vielmehr Anlaß, daß das Geschwader am 13. Juli Plymouth verließ, um drei Tage später auf der Reede von Wilhelmshaven zu ankern.

Die Kriegshäfen Kiel und Wilhelmshaven befanden sich damals, wie ein Gewährsmann aus jenen Tagen, der Korvettenkapitän Tesdorpf, berichtet hat, „in einem für das plötzliche Hereinbrechen eines Feldzuges höchst bedenklichen Zustand". Nahezu alles war noch im Ausbau und Entstehen, die Befestigungsanlagen der Küstenwerke waren erst in Angriff genommen, Wilhelmshaven war zwar im Vorjahr feierlich als Kriegshafen eingerichtet worden, vorerst war es aber noch nicht einmal möglich, die Hafenbassins und Docks mit Wasser zu füllen. Fünf Tage nach der Kriegserklärung verließ ein französisches Geschwader in Stärke von zwölf Panzerschiffen Cherbourg, um unter dem Befehl des Admirals Bouët-Villaumez die Schlacht mit den deutschen Schiffen zu suchen. Daß es nicht dazu kam, lag an der Zurückhaltung, die man deutscherseits, vornehmlich wegen der mangelnden Instandsetzungsmöglichkeiten, übte. Frankreichs Plan war, nach Vernichtung der deutschen Schiffe eine Landung stärkerer Truppen — man sprach von 30000 Mann — bei Hamburg oder Bremen vorzunehmen, um die eigene Heimatfront dadurch wirksam zu entlasten. **Diese Landung hat das Vorhandensein der Flotte des Norddeutschen Bundes verhindert.** Das deutsche Heer konnte somit in nahezu voller Stärke in Frankreich einmarschieren; man begnügte sich, eine einzige Division zum Küstenschutz zurückzulassen.

Auf die einzelnen kleinen Vorstöße und Plänkeleien, die sowohl die Ostsee wie auch die Nordsee im Verlauf des ersten Kriegsabschnittes sahen, näher einzugehen, verlohnt sich nicht; sie sind es, militärisch betrachtet, nicht wert. Festgehalten werden muß nur, daß der deutschen Flotte Unrecht zufügte, wer ihr Untätigkeit oder gar Mangel an Wagemut vorwürfe. Gerade das Gegenteil war der Fall. Man brannte auf die Stunde des Zusammentreffens mit dem Gegner, war jedoch durch die Umstände gezwungen, sie nur dann als gegeben anzunehmen, wenn das Kriegsglück hold war; mehr verbot die starke Unterlegenheit an Schiffen im Verein mit der technischen Schwäche der Kriegshäfen. Niemand wird es leugnen können und leugnen wollen, daß die Fortschritte des Kriegsschiffbaues im Zeitalter der Technik geradezu gewaltig sind. Mit Sturmeseile braust die Entwicklung ihres Weges. Andererseits steht eines fest: Segelschiffe waren weit selbständiger als Dampf- oder ölgetriebene Schiffe! Hatten sie Proviant und Frischwasser an Bord, dann war ihren Bedürfnissen in der Regel Genüge geschehen. Anders das technische Schiff. Es kann der Hilfe der Werften und Ausrüstungsplätze für länger nicht entbehren; zur Sorge um das Wohl und Wehe der Besatzung ist bei ihm die Sorge um die Betriebsfähigkeit des Dämons Maschine hinzugekommen.

Als die überlegene Kriegskunst des Feldmarschalls von Moltke die Franzosen zu Paaren trieb, da verlangte Napoleon den Einsatz seiner Panzergeschwader zur Forcierung der Jade. Der Seebefehlshaber, der in der Nähe von Helgoland stand, Admiral Fourichon, unterließ es jedoch. Möglich, daß auch seine Schiffe schon in den wenigen Wochen, die seit Kriegsausbruch vergangen waren, infolge des Haltens der offenen See stark an Gefechtskraft eingebüßt hatten. Am 11. September, also zehn Tage nach Sedan, ging das deutsche Geschwader von der Jade aus in See. Es traf die Franzosen nicht mehr an. Sie waren heimgerufen worden. Frankreich verzichtete auf den Seekrieg innerhalb der deutschen Gewässer; es zog auch seine Ostseestreitkräfte zurück, um die Mannschaften der Panzerschiffe im Landkrieg einzusetzen.

Im Augenblick erwachte auch schon deutscher Seemannsgeist, wurde eine kühne Tat gewagt und ausgeführt; ein Husarenstück auf dem Wasser, das abermals beweist, wie heimisch man sich auf dem Element fühlte, das einer recht spießigen und daher verwerflichen Redensart gemäß „keine Balken hat". Infolge der den deutschen Interessen feindlichen Auslegung der Neutralitätsgesetze seitens der Vereinigten Staaten und England wurde Frankreich von diesen Ländern in einer Weise mit Waffen, Munition und Verbrauchsgegenständen aller Art unterstützt, daß schon aus diesem Grunde für den Kriegszustand kein Ende abzusehen war. Es war deshalb geboten, ja es schien eine verlockende Aufgabe, dem Feinde auf See die Zufuhren abzuschneiden. Die Glattdecks-Korvette „Augusta" galt als ein besonders behendes Fahrzeug. Und wenn man dann noch den Korvettenkapitän Weickhmann zu ihrem Kommandanten bestimmte, dann war die Gewähr dafür gegeben, daß ein Mann auf ihrer Kommandobrücke stehen würde, der allen Anforderungen der schwierigen Aufgabe voll gewachsen war.

Wie Weickhmann seine Aufgabe löste, mag er uns selber erzählen. Sein schlichter Bericht spricht für sich selbst in seiner preußisch-geraden Art, die jeder Phrase abhold ist.

Vigo, den 7. Januar 1871.

„Euer Excellenz melde ich die Ankunft S. M. S. „Augusta" hier, sowie daß ich vom 26. Dezember bis 2. Januar cr. vor dem Canal und Brest bei sehr schlechtem Wetter und starkem Sturme, in welchem der B. B. Kutter verloren ging, vergebens gekreuzt, um einen amerikanischen oder französischen Dampfer zu treffen; darauf ging ich nach der Gironde, um am 3. den Postdampfer dort zu treffen, lag die Nacht unter den

Die Glattdecksforvette „Augusta"
unter Korvettenkapitän Weichmann nimmt vor Bordeaux den
französischen Regierungstransportdampfer „Max"

Feuern von Point de la Coubre und Corduan, nahm am 4. morgens die französische Brigg „Saint Marc" von St. Malo, mit einer Ladung Mehl und Brod von Dünkirchen nach Bordeaux für die 3. Militär-Division bestimmt, schicke dieselbe mit Seekadett Reimann und 5 Matrosen nach der Jade; dann bei der zweiten Tonne der Gironde die französische Bark „Pierre Adolphe", von Havre nach Bordeaux mit einer Ladung Weizen an den officier des subsistences militaires bestimmt, und habe ich mit Seekadett Düring und 5 Matrosen nach der Jade resp. Ostsee geschickt. Hierauf wurde der französische eiserne Regierungs-Transportdampfer „Max", von Rochefort mit Fleisch, Kleidern und anderem Proviant für die Armee nach Rochefort bestimmt, ca. 6 Mill von Point de la Coubre genommen, die Mannschaft mit 6 Gewehren geborgen, die Maschinen-Ventile geöffnet, das Schiff in Brand gesteckt und 10 scharfe Granatschüsse darauf gefeuert. Da es inzwischen Nacht geworden, hielt ich ein längeres Verbleiben vor der Gironde nicht für geraten; unsere ersten Schüsse mußten schon Morgens vom Lande aus bei dem westlichen Winde gehört sein und konnten Schiffe in Rochefort oder im Revier von Bordeaux alarmiert sein, auch mußte das brennende Schiff von Point de la Coubre gesehen werden; ich ging daher unter Dampf aus der Bay. Von den Schiffen habe ich von der Brigg einen Lotsen, von der Bark einen Lotsen — beide für Bordeaux — drei Matrosen und den Kapitän, der das Schiff seinem Bruder übergeben hatte, abgenommen; von dem Dampfer den Kommandanten und 26 Mann, die, sobald ich seeklar bin, hier an Land schicken werde.

Dann habe ich vom Dampfer „Max" mehrere Packen mit wollenen Hemden und Hosen sowie verschiedene Kleinigkeiten geborgen und erstere an die Mannschaft nach Bedarf verteilt, wozu ich nachträglich Euer Excellenz Genehmigung erbitte.

Noch bemerke ich, daß sich bei der Affaire am 4. der Lieutnant z. See v. Lepel sowie die Bootsmannsmaate Puck und Heyden besonders tätig hervorgetan haben, sowie daß das ganze Maschinen-Personal seit dem 12. Dezember ununterbrochen einen schweren Dienst gehabt und alles nur Mögliche geleistet hat. Die Maschine war stets in bester Ordnung und hat das Schiff unter Dampf gewöhnlich 10—12, aber auch 12—14 Knoten gemacht, so daß ich kein Schiff gesehen, was nicht in sehr kurzer Zeit eingeholt wurde. Schiffe unter französischer Flagge habe ich außer den genommenen nicht angetroffen, obgleich fast alle gesehenen Schiffe angehalten und nach Kriegs-Contrebande untersucht worden sind."

Über die Erlebnisse der von der „Augusta" aufgebrachten Prisen ist zu berichten: beide trafen während der Fahrt nach Deutschland schweres Wetter an, so daß sie erheblich zu leiden hatten. Die Bark „Pierre Adolphe" unter Führung des Seekadetten Düring begegnete im englischen Kanal einer französischen Korvette, die mit sieben Geschützen armiert war, auf die Bark zuhielt und alle Anstalten machte, sich das Fahrzeug durch Längsseitschicken eines Bootes näher anzusehen. Düring war jedoch nicht auf den Kopf gefallen. Er nahm die französische Mannschaft der Prise, wie der amtliche Bericht besagt, „in strengen Verwahrsam", das heißt, er verstaute sie derart unter Deck, daß sich niemand bemerkbar machen konnte, wandte die altbekannte Kriegslist des Setzens der fremden Flagge an, grüßte mit der Trikolore die französische Korvette und kam auf diese Weise ungehindert an ihr vorbei. Leider strandete die Bark am 13. Februar an der norwegischen Küste, wobei ein Franzose ertrank. Unterleutnant zur See Reimann, der Führer der Brigg „St. Marc", war glücklicher. Nach gefahrvoller, sturmumtollter Reise, die seinem Schiff schwere Havarie brachte, gelangte er nach dem norwegischen

Hafen Hindoen, von wo aus S. M. S. „Augusta" die Prise später nach Kiel überführte.

Außer Korvettenkapitän Weickhmann hat sich noch ein zweiter deutscher Seeoffizier während des Krieges von 1870/71 durch seine frische draufgängerische Haltung besonders hervorgetan, das war der Kapitänleutnant v. Knorr, Kommandant des Kanonenbootes „Meteor". Das kleine Fahrzeug hatte in den ersten Tagen des Oktober 1869 seine Ausreise nach Westindien angetreten. Am 7. November lag es im Hafen von Havanna, als der an Kampfkraft weit überlegene französische Aviso „Bouvet" einlief. Knorr versicherte sich sofort beim Hafenkommandanten, welche Bestimmungen die spanische Regierung in der Behandlung von Kriegsschiffen der beiden kriegführenden Mächte anerkenne. Als er erfuhr, daß lediglich die Neutralität des Hafens geachtet werden müsse, ging er in See, um den Franzosen durch sein herausforderndes Warten vor der Hafeneinfahrt zum Folgen zu veranlassen. „Bouvet" rührte sich jedoch nicht, so daß „Meteor" am Abend wieder in den Hafen von Havanna einlief, um nunmehr von den spanischen Behörden dahin unterwiesen zu werden — offenbar hatte man sich über den Fall noch einmal besprochen —, es sei erst 24 Stunden nach dem Inseegehen eines feindlichen Kriegs- oder Handelsschiffes erlaubt, den Hafen zu verlassen. Um internationale Schwierigkeiten zu vermeiden, mußte Knorr sich hierein schicken. „Bouvet" lichtete am 8. November mittags Anker. Kaum war die aufgezwungene Wartefrist verstrichen, als „Meteor" ihm folgte. Er mußte den Gegner suchen, entdeckte ihn nordwärts der Insel. Es kam zu einem heftigen Gefecht. „Bouvet" erwies sich zunächst als ein angriffsfreudiger Gegner. Im Vertrauen auf seine überlegene Kraft versuchte er, den „Meteor" zu rammen. Knorr parierte den Stoß durch ein geschicktes Manöver. Gleichzeitig befahl er „Klar zum Entern!" Er wollte das Weiße im Auge des Gegners sehen. Die Schiffe prallten jedoch nur breitseits zusammen und lösten sich gleich wieder voneinander, da auf beiden Seiten die Maschinen gingen. Geschütz- und Gewehrfeuer prasselten über Deck. Es gab Tote und Verwundete. Das Schlimmste für den „Meteor" war aber, daß das größere feindliche Schiff einen Teil der Wanten und Boote, sowie die Backbordseite der Kommandobrücke fortrasierte und mit seiner Fockrahe den Großmast des „Meteor" einknickte, der seinerseits beim Achterüberbiegen den Besanmast über Deck abbrach. In diesem kritischen Augenblick, wo die stürzende Takelage — auch der Großmast folgte — den kleinen „Meteor" durch Verdecken der Geschütze und Unklarmachen der Schraube wehrlos zu machen drohte, war es die ungemein sichere seemännische Führung, nicht minder aber auch der stahlharte Wille, den Gegner dennoch niederzukämpfen, und zwar durch lebhaftes Geschützfeuer, was Knorr den Sieg bescherte. Das Glück war ihm, dem Unverzagten, hold, wenn auch nur für eine flüchtige Minute, launisch wie Frau Fortuna nun einmal ist, während „Bouvet" seinen Vorteil überhaupt nicht auszunützen verstand. Eine Granate des „Meteor" traf die Backbordkessel des Franzosen, unter gewaltiger Wolkenbildung zischte der Dampf davon. Knorr jubelte, nun kam es doch noch zum Enterkampf! In diesem Augenblick — „Meteor" hielt stracks auf den bewegungsunfähigen Gegner zu — wurden Schraube und Ruder unklar, und die von oben gekommene Großrahe drohte noch schwereren Schaden durch Leckstoßen des Schiffsrumpfes anzurichten. Notgedrungen ließ Knorr die eigene Maschine stoppen. „Bouvet" machte sich hingegen seine unversehrte Segelkraft zunutze und überließ dem Gegner in aller Eile das Schlachtfeld, um Kurs nach Havanna zu nehmen. Als „Meteor" nach halbstündiger Arbeit, wo erfahrene Hände sich in hetzendem Fleiß geregt hatten, mit Volldampf folgte, und von neuem den Geschützkampf aufnahm, trat die spanische Dampf-Korvette „Hernan Cortez" zwischen die Gegner; man hatte spanisches Hoheitsgebiet erreicht!

Kanonenboot „Meteor" unter Kapitänleutnant von Knorr im Gefecht mit dem französischen Aviso „Bouvet" vor Havanna

Der Spanier bot Hilfe an, für Verwundete, für das Schiff. Knorr lehnte beides ab. Er habe nur zwei Gefallene und einen Verwundeten zu beklagen; und was den „Meteor" anbetreffe — der sei „vollständig gefechtsklar und bedauere nur das eine, daß die Nähe des Hafens dazu zwinge, von der Verfolgung des Feindes und der Ausbeutung des errungenen Erfolges Abstand nehmen zu müssen!"

Solche Worte hört man gern. Sie findet nur, wer sich trotz schwerstem Mißgeschick als Sieger fühlt und fühlen durfte; Anlaß genug, ein zweites Mal auf Knorrs Spuren zu wandeln.

Die Hamburger Firma C. Woermann hatte um die Mitte des vorigen Jahrhunderts erfreulich aufblühende Handelsbeziehungen in Westafrika angeknüpft. Das Ergebnis war, daß die Firma im Jahre 1868 am Kamerunfluß eine größere Handelsniederlassung errichtete. Als sich dann auch noch die Firma Jantzen & Thormälen im gleichen Sinne betätigte, wuchs der deutsche Einfluß derart, daß bereits im Jahre 1883 der überwiegende Teil des zentralwestafrikanischen Handels in deutschen Händen lag. Am 14. Juli 1884 folgte daraufhin die Besitzergreifung des Kameringebietes durch das Deutsche Reich, indem das Land in feierlicher Form unter Schutz und Oberhoheit Seiner Majestät des Kaisers gestellt wurde. Kurz vorher hatten die Häuptlinge Dido, King Bell und King Aqua Verträge unterzeichnet, denen zufolge sie ihre Handels-Hoheitsrechte an Woermann und Jantzen & Thormälen abtraten. Drei Tage nach der Besitzergreifung eilte das englische Kanonenboot „Flirt" herbei, um Einspruch zu erheben. Man begnügte sich damit, das Schiff und den an Bord befindlichen Konsul Hewett auf die vollzogene Tatsache der Flaggensetzung zu verweisen.

Ob die Engländer daraufhin mit Hilfe ihrer Agenten unter den Eingeborenen mit Vorbedacht gegen uns gewühlt haben, bleibe dahingestellt. Von der Hand zu weisen ist der Verdacht jedenfalls nicht, zumal da wir Ähnliches späterhin in Südwestafrika erleben mußten. Unter allen Umständen haben die Engländer Mißstimmigkeiten, die zwischen den einzelnen Häuptlingen des Kamerungebietes bestanden, ausgenutzt, um das Land in Gärung zu halten. In Berlin übersah man die Schwierigkeiten nicht. Am 30. Oktober 1884 wurde von Wilhelmshaven aus unter dem Befehl des Konterabmirals v. Knorr ein Geschwader entsandt, das den Eingeborenen die nötige Achtung vor Deutschlands Macht und Größe beibringen sollte. Mit Sehnsucht und begreiflicher Ungeduld erwarteten die Deutschen Kameruns die Ankunft der Schiffe. Die Ver-

Das Geschwader des Admirals von Knorr

hältniſſe an Land waren unhaltbar geworden. Das Barometer der Erregung ſtand bei einem Teil der Schwarzen auf Sturm.

Am 17. Dezember abends trafen die Korvetten „Olga" und „Bismarck" in der Ambasbai ein, um ſich am Tage darauf vor der Barre an der Kamerunflußmündung zu Anker zu legen. Die Engländer gaben das Rennen auf. Ihre Flaggen verſchwanden von allen Faktoreien. Auf Knorrs Flaggſchiff, der Korvette „Bismarck", fand unter Beteiligung der maßgebenden Deutſchen ein großer Kriegsrat ſtatt. Das Ergebnis war, daß ſich der Admiral unverzüglich zur Anwendung von Waffengewalt entſchloß. Anlaß hierzu gab in erſter Linie die Tatſache, daß erſt zwei Tage vor Eintreffen des Geſchwaders die Hickory- und Joßneger die Stadt des den Deutſchen treu befreundeten King Bell niedergebrannt und ausgeplündert hatten, wobei auch deutſche Hoheitszeichen beſchädigt worden waren.

Am 21. Dezember wurden die Landungskorps beider Schiffe an Land geworfen. Es kam zu hitzigen Kämpfen, in Tropenglut, zwiſchen Mangrovenſümpfen, gegen regelrecht angelegte Schützengräben. Joßtown hatte zwar von vornherein die weiße Flagge geſetzt, ſpäterhin beteiligten ſich die Joßleute aber doch am Widerſtande. Joßtown, Hickorytown und

Old King Bell Town wurden mit stürmender Hand genommen. Unsere Mannschaften mußten bei den Landungen immer wieder ins Wasser springen, da die einzelnen Plätze räumlich voneinander getrennt lagen und die Uferverhältnisse ein Anlegen der Boote ausschlossen. King Bell tat alles, um Admiral v. Knorr zu helfen. Einen gewaltigen Eindruck machte es, als die „Olga" vor Hickorytown ankerte und gegen diesen Ort und Old King Bell Town ihre schweren Geschütze spielen ließ.

Die Engländer versuchten es noch einmal, durch Entsendung des Konsuls Hewett in den Lauf der Dinge einzugreifen. Der deutsche Konsul Dr. Buchner lehnte jedoch dieses Mal die Verhandlungen rundweg ab, so daß die Briten unverrichteter Sache abziehen mußten. Eines Teiles der schwarzen Rädelsführer konnte man habhaft werden, andere verschwanden spurlos in der Wildnis des Hinterlandes. Die Ruhe in Kamerun war aber auf alle Fälle gründlich wieder hergestellt. Der Geist, der den kleinen „Meteor" im Kampf bei Havanna beseelt hatte, hatte sich auch hier geregt und volle Frucht getragen. Rasches Zugreifen, klares Erkennen und Verfolgen des Zieles, das war Knorrs Art. Er war ein Mann, der faule Übereinkünfte mit anderen, aber auch mit sich selbst nicht kannte, ja verabscheute. Hart wie Eichenholz war sein Wille, stark wie Stahl seine Freudigkeit selbst schwerster Verantwortung gegenüber; das haben alle erfahren, die ihn kannten und verehrten. Und hiervon ist er nicht abgewichen — über den Kommandierenden Admiral hinaus bis an sein Lebensende!

Koester und Tirpitz

Es war im Sommer 1905. Ein Offizier der Flotte erhielt Besuch von einem guten Freunde aus Hamburg. Da der Offizier noch zu tun hatte, ließ er seinen Gast vorerst durch einen Matrosen im Schiff herumführen. Erfüllt von dem Gesehenen berichtet später der Hamburger: „Meine hellste Freude habe ich an einem Ausspruch des Matrosen gehabt. Als ich ihn fragte, wie es werden würde, gäbe es einmal scharf zu tun, da entgegnete mir der stramme Kerl: „Es gibt keinen Feind, den wir nicht schmissen!" Und die Begründung? „Wenn der alte Koester uns führt, dann widersteht uns nichts!"

Ja, so war der Großadmiral, damals unser Flottenchef! Mit unbegrenztem Vertrauen hingen Offiziere und Mannschaften an ihm. Es gab niemanden, der den alten Herrn nicht verehrte. Er war als Führer eine Persönlichkeit, die durch ihr ganzes Auftreten wirkte; immer gemessen und ruhig, stets klar und bestimmt, abhold jeder Phrase, fremd jeder Laune, ein Seemann vom Scheitel bis zur Sohle, ein echter Salzwasser-Seemann; streng ohne Härte, voller Wissen ohne Überheblichkeit, und ein Mensch, gediegen wie bester Stahl.

Es hat noch immer für jeden militärischen Führer als höchstes Lob gegolten, wenn ihm das Herz seiner Untergebenen gehörte. Und so war es beim alten Koester. Er hat weder nach billigen Erfolgen gehascht, noch danach gestrebt, volkstümlich zu wirken. Ganz im Gegenteil! Er wußte wohl, daß ein Generalinspekteur und Flottenchef einen gewissen Nimbus um sich verbreiten müsse, und daß es zwischen ihm und seinen Untergebenen einen Abstand zu geben habe, der unter allen Umständen zu wahren sei. Und doch lebten wir alle, hoch und niedrig, in seinem Bann und wußten uns unter seiner Hut geborgen. Selten oder nie wurde an Koesters Erlassen, Kritiken und Befehlen herumgenörgelt. Wohl, daß manches treffende Wort, das er prägte, ob seiner Eigenart von Mund zu Mund ging und oftmals frohe Laune erzeugte. Aber eine Durchhechelung im Sinne einer verärgerten Stellungnahme, die gab es dem Großadmiral gegenüber nicht. Stets traf er mit seinen Bemerkungen den Nagel auf den Kopf. Und sein Ansehen war so groß, daß niemand,

Das Flaggschiff des Großadmirals von Koester
„Kaiser Wilhelm II." im Kieler Hafen

auch nicht im engsten Kreise, wider den Koesterschen Stachel zu löcken wagte.

Am 29. April 1844 wurde er zu Schwerin geboren. Mit fünfzehn Jahren trat er als Kadettaspirant in die preußische Kriegsmarine ein. Obwohl er sich vorwiegend an Bord befand, lernte er doch erst im Jahre 1863 auf der „Gefion" das Ausland, die Westindischen Gewässer, kennen. Den Krieg von 1870/71 machte Koester als Kapitänleutnant an Bord des „Friedrich Karl" mit. Seinen ersten Kommandantenwimpel auf einem seegehenden Schiff setzte er im Jahre 1874 an Bord der „Undine", mit der er Süd- und Nordamerika besuchte. Die nächste größere Auslandsreise fand in den Jahren 1878 bis 1880 statt, wo Koester als Erster Offizier des Seekadetten-Schulschiffs „Prinz Adalbert" an der Erdumsegelung des Prinzen Heinrich von Preußen teilnahm. Die Tätigkeit, in der er Besonderes geleistet hat, die Tätigkeit im heimischen Geschwaderdienst, setzte im Jahre 1881 bei den Verbandsübungen in der Ostsee ein. Seit jener Zeit hat der Großadmiral ausschließlich in heimischen Gewässern Dienste getan, und zwar immer wieder bei den Schlachtschiffsverbänden.

Er ist so recht mit ihnen aufgewachsen. Und was es an taktischer Schulung bei der Kaiserlichen Marine gegeben hat, es geht letzten Endes auf die Koestersche Tatkraft zurück. Als Chef des Stabes hat er gewirkt, Admiralstabsreisen an Bord der „Grille" sind von ihm geleitet worden, er führte als Kommandant die Linienschiffe „Württemberg" und „König Wilhelm", als Konteradmiral das Übungsgeschwader, als Vizeadmiral das Manövergeschwader. In den Jahren 1899 bis 1903 unterstanden regelmäßig die Herbstübungen der gesamten Flotte seinem Kommando. Im Jahre 1904 wurde er zum Chef der aktiven Schlachtflotte ernannt, über der bis zum Jahre 1906 seine Flagge wehte. 1899 erfolgte die Ernennung zum Generalinspekteur der Marine — damit lebte eine Stellung auf, die bis dahin nur Prinz Adalbert von Preußen innegehabt hatte — und 1905 die Beförderung zum Großadmiral. Durch Allerhöchste Order vom 29. Dezember 1906 wurde Koester auf sein Gesuch zur Disposition gestellt. In Anerkennung der geleisteten langjährigen Dienste verfügte der Kaiser seine Weiterführung in der Rangliste. Der greise Herr hat auch dann noch bis zu seinem Tode für den Flottengedanken tätig gewirkt. Im Jahre 1908 übernahm er das Präsidium des Deutschen Flottenvereins.

Wer die Bedeutung des Großadmirals für den Ausbau unserer Marine würdigen will, muß einen Rückblick auf die Geschichte der Seetaktik tun. In jahrhundertelanger Entwicklung hatte sich die Segelschiffstaktik, Hand in Hand mit der Förderung des Segelschiffsbaues, zu jener Höhe der Vollkommenheit gehoben, die es einem Nelson ermöglichte, seine Meisterschlachten zu schlagen. Mit Aufkommen der Dampfschiffahrt, die der taktischen Glanzzeit der Segelschiffsepoche auf dem Fuße folgte, brach zusammen, was es an taktischen Anschauungen und Lehren gab. Ein Chaos der Meinungen entstand, das sich in seiner Unbeholfenheit auf die Anfänge der Ruderschiffstaktik zurücktastete, Verwandtes zwischen dem Ruderschiff und dem Dampfschiff in taktischer Hinsicht herauszufinden suchte und im Rammangriff Tegetthoffs bei Lissa seinen Niederschlag fand. Es wird niemand behaupten wollen, daß hiermit ein Höhepunkt erreicht war. Ganz im Gegenteil! Der Vernichtungswille, der letzten Endes für jeden Taktiker maßgebend sein muß, trat zwar in unzweideutiger Weise in Erscheinung. Er wirkte sich aber in brutaler Form aus, ohne an die Schonung der eigenen Kräfte zu denken. Wenn der Taktiker jedoch wirklich Großes erreichen will, so muß auch er sich dem Gesetz der Ökonomie der Kräfte unterordnen. Ja, dieses Gesetz bedeutet vielleicht die wichtigste Richtschnur für ihn.

Erst ganz allmählich setzten sich nach Lissa Anschauungen durch, die erkannten, daß auch das freie, allseitig bewegliche Dampfschiff aus den Lehren der hochentwickelten Segelschiffstaktik Nutzen zu ziehen vermöchte. Das Fahren im Verbande mit seinen mannigfaltigen Formen kam allmählich wieder in Aufnahme. Und an Stelle des roh zupackenden Rammangriffes fanden feinere Angriffsformen von neuem Verwendung.

Ohne Überheblichkeit darf nun behauptet werden, daß die Entwicklung der neuzeitigen Dampfschiffstaktik ihre wesentlichste Förderung in der jungen deutschen Marine gefunden hat. Lange bevor ein England daran dachte, sich planmäßigen Untersuchungen zuzuwenden, Jahrzehnte vor der Zeit, wo die Schiffe der nordamerikanischen Flotte überhaupt im Geschwaderverbande zu fahren vermochten, wurden bei uns unter Koesters Leitung mit echt deutscher Gründlichkeit Erprobungen angestellt, die feststellen sollten, welche taktische Gliederung, welche Formation, welches Angriffsverfahren und schließlich welche Art der Flottenleitung den größten Nutzen für neuzeitige Kriegsschiffsverbände versprächen. Jede Möglichkeit wurde geprüft, jedem scheinbar guten Gedanken wurde nachgegangen. Immer wieder wurden Anfangsstellungen, Formationsänderungen und Angriffsrichtungen erprobt. Und so entstand allmählich in streng systematischer Fortentwicklung jene hochstehende freie und ge-

Evolutionieren der Hochseeflotte 1905 in der Nordsee

lenkige Dampfschiffstaktik, die ihre Feuerprobe vor dem Skagerrak aufs glänzendste bestand und in ihrer Vollkommenheit bei keiner der Marinen der Welt ihresgleichen aufzuweisen hatte. Denn das Gute bei dieser systematischen Arbeit war, daß den Verbänden nicht nur unbedingte Sicherheit im Halten der Gefechtsformationen anerzogen wurde, sondern daß sich vor allem auch eine formaltaktische Gewandtheit ergab, die jedem Kommandanten und jedem Wachoffizier in Fleisch und Blut überging.

Wer die Verdienste des Großadmirals v. Koester hierbei würdigen will, tut am besten, indem er ihm den Ehrentitel eines Exerziermeisters der deutschen Flotte beilegt. Unermüdlich, zäh, gewissenhaft, scharfen Blickes und scharfen Verstandes, hat Koester jahraus, jahrein die Flottenschulung geleitet. Keine Mühe war ihm zu groß, keine Zeit zu knapp. Er hat immer auf seinem Posten gestanden und hat doch die Leitung so gehandhabt, daß jeder Mann an Bord sich sagte, hier wird nichts Überflüssiges betrieben; wenn wir uns auch quälen und abrackern müssen, es ist alles vollwertige Arbeit! Und darin lag das große Geheimnis der Koesterschen Diensthandhabung, darin lag — abgesehen von allem Persönlichen — auch seine Werbekraft um Vertrauen: äußerer Aufputz, Überflüssigkeiten nur um des günstigen Aussehens willen, sie waren seiner geradlinigen Natur fremd. Er wurzelte fest in der Wirklichkeit. Und wenn er sagte, dies oder jenes muß geschehen, dann zweifelte niemand daran, daß es unbedingt nottat. Koester hat mit einem Worte nie sich selbst, sondern stets nur der Sache gedient.

Der Exerziermeister der deutschen Flotte! Manchem mag der Ehrentitel nicht ganz rein im Ohr klingen. Und doch wird er Koesters Persönlichkeit und seinem Wirken am besten gerecht. Voll schließt er ein, daß auch der Großadmiral an der geistigen Entwicklung der Taktik unserer Tage führenden Anteil genommen hat. Anders wäre es auch gar nicht möglich gewesen, wo doch gerade auf taktischem Gebiet die Praxis die wertvollsten Anregungen gibt. Koester hat sich das große Verdienst erworben, daß unter seiner Leitung Theorie und Praxis verschmolzen. Die Grundlage der Flottenschulung draußen auf freier See, bei Tag und Nacht, Sommer und Winter über, hat er geschaffen. Das ist und bleibt Koesters Ruhm. Hier steht er für sich und bleibt unerreicht.

Es war ein glückliches Zusammentreffen, daß jener Mann, dessen Name in Laienkreisen weit häufiger als Koesters Name genannt wird, dem Großadmiral bei Entwicklung der Taktik treu zur Seite stand: Alfred v. Tirpitz, der Organisator der deutschen Marine, wie sie vor dem Kriege lebte, der geniale Schöpfer der Flottengesetze, die auf weite Wirtschaftskreise im alten Deutschen Reich ihre segensreiche Wirkung ausübten.

Tirpitz ist um fünf Jahre jünger als Koester. Er trat im Jahre 1865 in die Marine ein. Seine hohe Befähigung und seine seltene Schaffensfreudigkeit wurden bereits in jungen Dienstjahren anerkannt. Seine Sporen verdiente er sich bei der Torpedowaffe. Er hat sie von der Küste gelöst, an der sie bei allen Marinen haftete, und zur Hochseewaffe entwickelt; zur Hochseewaffe, die Wind und Wetter nicht scheute, ihre Leistungen bei Durchbruchsmanövern zu unerhörtem Wagemut steigerte und in ihrer ganzen Diensthandhabung vorbildlich auf alle Marinen eingewirkt hat. Ja, unser gesamter Gefechtsdienst während der Nacht an Bord der großen Schiffe und auf den Torpedobooten, er war derart mustergültig, daß selbst noch im Jahre 1916 die englische Flotte nach Jellicoes Eingeständnis den Nachtkampf mit uns scheute. Dem jungen Tirpitz wurde auf Grund seiner Leistungen bei Entwicklung der Torpedowaffe von dem damaligen Chef der Admiralität, dem General von Caprivi, die neu geschaffene Stelle eines Inspekteurs des Torpedowesens übertragen. Im Jahre 1893 wurde Tirpitz zum Chef des Stabes beim Oberkommando der Marine in Berlin ernannt. Als besonderes Arbeitsgebiet wurde ihm hier die planmäßige Entwicklung der gesamten Flottentaktik zugewiesen. In zweijähriger, von höchster geistiger Anspannung befruchteter Arbeit hat Tirpitz diese Aufgabe geradezu meisterhaft gelöst. Und so durfte er mit voller Berechtigung in seinen Erinnerungen das stolze Wort niederschreiben: „Jene Jahre umfassen meine beste Leistung, die Erfüllung der Flotte mit militärischem Gehalt!" Seit jener Zeit war Tirpitz' Ruf innerhalb der Marine fest begründet. Das deutsche Volk sollte ihn erst später kennenlernen. 1897 trat er sein letztes Frontkommando an. Er ging als Chef des Kreuzergeschwaders nach Ostasien. Und dieses Kommando ist für den künftigen Staatsmann und Politiker insofern von hoher Bedeutung gewesen, als es ihm, dem gereiften Manne, das Denken und Fühlen anderer Völker und die zwischenstaatlichen Zusammenhänge aller geschichtlichen Entwicklung noch einmal eindringlichst vor Augen rückte.

Im Jahre 1897 wurde Tirpitz zum Staatssekretär des Reichsmarineamtes bestellt. Hier ist ihm dann geglückt, was seinen Vorgängern

Der Chef des Kreuzergeschwaders Kontreadmiral von Tirpitz
läuft 1897 auf seinem Flaggschiff „Kaiser" in Schanghai ein

versagt blieb: Er hat Deutschlands Flottenschwert geschmiedet, im ganzen deutschen Volk durch fruchttragende Aufklärung, den alten Hansegeist geweckt und der deutschen Seemacht ihre achtunggebietende Stellung unter den Völkern der Erde verschafft! Seine reichen Geistesgaben kamen als Parlamentarier, Politiker und Staatsmann voll zur Entwicklung. Er hat sich auf diesem, dem Offizier fremden Gebiet als ein durchaus fortschrittlich denkender Mensch erwiesen. Und wenn sich auch im Verlaufe seiner langjährigen Tätigkeit als Staatssekretär hie und da Stimmen gegen ihn erhoben — bei der Bedeutung der Dienststellung ein nur zu natürlicher Vorgang —, so hatte sich doch gerade in der letzten Zeit seines Wirkens das erfreuliche Bild ergeben, daß das deutsche Volk in seiner Mehrheit auch dem Politiker Tirpitz gerecht zu werden suchte.

Tirpitz hat sein reiches, weite Gebiete umfassendes Wissen durch Aufbietung einer seltenen Willenskraft erworben. Es waren nicht nur die ihm angeborenen Geistesgaben, die ihn aus dem Kreise der Mitarbeiter heraushoben. Er ist vielmehr Zeit seines Lebens ein fleißiger Mensch gewesen, der es aber, wie alle wirklichen Großen, verstand, tüchtige Mitarbeiter selbständig arbeiten zu lassen. Als Staatssekretär des Reichsmarineamtes war er der rechte Mann am rechten Ort, und zwar insofern ganz besonders, als er die Forderungen der Praxis und Front nie aus dem Auge verlor. Denn alles, was im Reichsmarineamt unter der Leitung von Tirpitz geschaffen wurde, auf militärischem, nautischem, technischem und ärztlichem Gebiet, in der Verwaltung, der Justiz und im Völkerrecht, es war letzten Endes auf die Praxis zugeschnitten. Tirpitz hat vielleicht größere Widerstände zu überwinden gehabt als Koester. Das war in seiner Stellung begründet. Er konnte nicht immer, eingeengt von den Fesseln des Haushalts, mit freien Händen geben, so wie er es sich selber wohl gewünscht hätte. Er war daher mit vollem Bewußtsein eine Art Diktator. Die Marine, die er zu entwickeln hatte, mußte aus einem Guß entstehen, sollte sie keine Schlacken aufweisen. Und so hat Tirpitz immer wieder beseitigt und überwunden, was sich an Widerständen erhob, um allem vorzubeugen, was nach Auflösung schmeckte. Daß die Marine später einmal auf mehr als einer Stütze zu stehen haben würde, war dem überragenden Manne keine fremde Vorstellung. Ihm schwebte nur als Gebot der Stunde vor, daß bis zum Abschluß des Flottengesetzes ein einziger Wille zu herrschen habe, sollte das große Werk nicht vor der Zeit brüchig werden.

Es ist nun die ungeheure Tragik im Leben und Schaffen des Großadmirals v. Tirpitz gewesen, daß es ihm nicht vergönnt war, während des Weltkrieges die oberste Seekriegsleitung zu übernehmen. Der Ausbruch des Krieges hat sogar seinen Einfluß vermindert. Beim losen Kriegsetat verlor eine Verwaltungsbehörde an Bedeutung. Die militärische Stimme siegte ob. Hinzu kam Deutschlands politische Einstellung, die in den ersten Kriegsabschnitten England bewußt schonte. Man darf es getrost behaupten und begeht damit keine Leichtfertigkeit: wären die Kriegsverhältnisse von Anbeginn ab so angepackt worden, wie es einem Tirpitz vorschwebte, d. h. wäre England mit Kriegsausbruch vom gesamten deutschen Volke als unser gefährlichster Gegner erkannt worden, dann stünden wir heute wohl bei einem anderen Meilenstein unserer nationalen Entwicklung. Der Kampf gegen England, der uns nun einmal aufgezwungen war, war ein Kampf auf dem Wasser. Nur auf See konnte er sein Ende finden. Und wenn England auch Millionen von Landsoldaten auf Landkriegsschauplätze geworfen hat, der Zwang, Frieden zu schließen, hätte sich für England unter allen Umständen erst zu jenem Zeitpunkt ergeben, wo seine Seemachtstellung ernstlich bedroht war. Daß es um Haaresbreite davor stand, und zwar im Sommer 1917, ist inzwischen zur geschichtlichen Tatsache geworden.

Es gab eine Zeit, wo der Großadmiral von Tirpitz im ganzen deutschen Volke als der gefeierte Mann galt. Ohne Frage gehört er zu den hervorstechendsten Persönlichkeiten des Deutschen Reiches unter der Regierung Kaiser Wilhelms II. Und wenn wir unter den Männern der Welt Umschau halten, die in jener Epoche von sich reden machten, so wird auch hier Tirpitz in vorderster Reihe stehen. Er war ein Mann, wie er selten geboren wird. Sein Schaffen und Wirken war von echtem Hansegeist erfüllt. Was kühne Geschlechter vor Jahrhunderten aus eigener Kraft erreichten, stadteingesessene Bürger bis tief nach Mitteldeutschland hinein, ein freies Meer und freie Fahrt über See für den Kaufmann deutschen Geblüts, auch Tirpitz wollte es unter dem Schutze der neuen deutschen Kaiserkrone für den deutschen Handel sicherstellen. Er wollte vor allem aber jenen Zustand schaffen, welcher der Hanse des Mittelalters fehlte, woran sie zugrunde ging: die Gewähr eines starken staatlichen Rückhalts! Dabei war Tirpitz alles andere, nur keine Eroberernatur. Er baute alles, was er schaffte, auf kühler, nüchterner Berechnung auf, die sich allerdings vom Schöpfergeist des geborenen Staatsmannes beflügeln ließ. Tirpitz wollte den Frieden wahren, als er Deutschland zur See stark machte. Und seine Überlegung, daß die deutschenglische Freundschaft dann am ersten von Bestand sein würde, wenn Deutschland auch auf See England selbständig entgegentreten könne, war durchaus gerechtfertigt.

Daß ein Mann wie Tirpitz während des Krieges seines Amtes hat enthoben werden können, war vielleicht der erste Fingerzeig dafür, daß es mit der deutschen Sache abwärts ging. Denn mit Tirpitz schied aus der Reichsleitung eine Persönlichkeit, mit der sich nur wenige an Bedeutung messen konnten. Es ist hier nicht der Ort, den Gründen nachzugehen, die die Verabschiedung herbeigeführt haben. Festgestellt sei nur, daß die Tatsache von Tirpitz' Rücktritt von unseren ernstesten Feinden, den Engländern, als ein großer Sieg gebucht worden ist, woran sie auch heute noch festhalten.

Vielleicht war Tirpitz seiner Zeit voraus. Voll verstanden worden ist er jedenfalls nur von einem engeren Kreis von Männern. Was er an Interesse für die See ins deutsche Volk eingepflanzt hatte, es war in den Jahren des Zusammenbruchs in gefahrdrohender Weise verkümmert. Tirpitz hatte das Kaiserliche Deutschland, das seit dem Frieden von Versailles im Jahre 1871 einen ungeheuer regen Aufschwung genommen hatte, an die See heranführen wollen. Er kannte die Welt in allen Ecken und Winkeln. Und er sah demnach die Lage Deutschlands mit ganz anderen Augen an, als es der Durchschnittsdeutsche tut, der zwar reich an Wissen und Bildung ist und trotzdem über einen engen Horizont nicht hinausblickt. Tirpitz hatte volles Verständnis für die zwangläufige Entwicklung von Industrie und Handel, für die Notwendigkeit, daß zwischen der Heimat und dem weitverzweigten Auslandsdeutschtum feste Brücken geschlagen werden müßten, sollte wirklich der deutsche Gedanke in der Welt die ihm gebührende Stellung erringen. Aus all diesen Erwägungen heraus wurde Tirpitz zum Schmied des deutschen Seemachtgedankens und des deutschen Flottenschwertes. Ihm hätte ein Bismarck oder ein Adolf Hitler als Reichskanzler zur Seite stehen müssen und sein Werk wäre aller Wahrscheinlichkeit nach nicht in der Blüte der Entwicklung geknickt worden.

Es ist eine eigentümliche, eine harte Schicksalsfügung gewesen, daß die deutsche Flotte zur Zeit ihrer Prüfung nicht jene Männer an ihrer Spitze sah, die von der Gesamtheit des Offizierkorps — es darf dies ohne Einschränkung ausgesprochen werden — als die tüchtigsten angesehen wurden: Koester und Tirpitz! Beide haben den Zusammenbruch ihrer Schöpfung mit ansehen müssen. Und beide haben nicht helfen können; der eine, weil er zu betagt war, der andere, weil man ihn aus der ihm zukommenden Stellung verdrängte.

Es gibt Stimmen bei uns — und sie sind ernst zu bewerten —, die der Ansicht Raum geben, für das deutsche Volk bedeute der neue Leidensweg eine bittere Notwendigkeit. Allzu rasch sei sein letztes Aufblühen erfolgt, die Wurzelkraft habe der Blütenfülle nicht entsprochen. Ob solche Ansicht zutrifft, bleibe dahingestellt. Ein Wunsch sei aber geäußert: Wenn Deutschland dereinst einmal wieder vor eine ernste Schicksalsstunde gestellt werden sollte, dann mögen ihm als Führer seiner Seemacht Männer beschieden sein — gleichwertig den Großadmiralen v. Koester und v. Tirpitz.

In Ehrfurcht und Dankbarkeit verneigen sich die alte und die junge deutsche Marine vor ihren beiden großen Meistern.

Was ihnen zu verdanken war, hat der Weltkrieg hinlänglich bewiesen. Er hat eindeutig klargestellt, daß wir es materiell mit jedem Gegner aufnehmen konnten, und daß unsere personelle Bereitschaft schlechthin mustergültig war. Das Schwert, das ein Mann wie Admiral Scheer am Skagerrattage schwingen durfte, wies wahrlich keine Fehlstelle auf; es war aus bestem deutschem Stahl gefertigt und lag dem, der es führte, treu und zuverlässig in der Hand.

Gewiß, deutsche methodische Arbeit hat diese Leistungen vollbringen helfen, streng sachliche Erwägungen haben manchen Erfolg vorbereitet. Trotzdem bleibt zu Recht bestehen, was uns auf der Wanderung durch Jahrtausende begleitet hat, daß im ganzen deutschen Volke, wenn auch hie und da nur unbewußt, ein starkes Sehnen nach dem freien Wasser der Weltmeere liegt, und daß alle, die zur Kriegs- oder Handelsmarine kamen, in überraschend kurzer Zeit, stammten sie selbst aus den tiefsten Landwinkeln Deutschlands, mit der See vertraut wurden.

Der Vertrag von Versailles hat unsere Tatkraft auch auf dem Wasser lähmen wollen. Ist es geglückt? Wir spotten wahnerfüllter Paragraphen, die weltfremd und schicksalsunkundig aus Haß und Neid geboren worden sind. Wir wissen, daß das Leben der Menschheit seinen Weg eigenwillig geht und sich von eitlen Hoffnungen nicht betrügen läßt. Wir wissen vor allen Dingen aber, daß unsere Kraft trotz schwerster Kriegslast und härtestem Joch der Nachkriegsjahre ungebrochen ist. Und diese Kraft drängt nicht minder stürmisch auf See hinaus wie zu Zeiten unserer Vorfahren, die auf dem Wasser „ihre Nahrung suchten" und fanden.

Mutlosen römischen Legionssoldaten, die sich weigerten, an Bord zu gehen, rief einst ihr Tribun zu: „Navigare necesse est, vivere non!"

Das alte Wort, längst vom deutschen Hirn und Herz aufgenommen, gilt auch heute noch für uns:

„Seefahrt ist not, sei es selbst um den Preis des Lebens!"

Quellennachweis

Baasch, Die Hanseſtädte und die Barbaresken. Kaſſel, Max Brunnemann, 1897.
Bär, Die Deutſche Flotte von 1848—1852. Leipzig, S. Hirzel, 1898.
Barthold, Geſchichte der Deutſchen Seemacht. Hiſtoriſches Taſchenbuch von F. v. Raumer. Leipzig, F. A. Brockhaus, 1850.
Batſch, Nordelbiſch-Däniſches. Marine-Rundſchau, 1901.
Batſch, Admiral Prinz Adalbert von Preußen. Berlin, Kurt Brachvogel, 1890.
Duckwitz, Über die Gründung der Deutſchen Kriegsmarine. Bremen, K. Schumanns Verlagshandlung, 1849.
Ein Kranz der Erinnerung um das Bild des Großonkels Brommy, Rittergut Schmölen bei Wurzen.
Eiſſenhardt, Die Kriegsflagge. Berlin, Hermann Feyl & Co., 1904.
Enders, Geſchichte der freien und Hanſeſtadt Lübeck. Lübeck, O. Quitzows Verlag, 1926.
Falke, Die Hanſe als deutſche See- und Handelsmacht. Berlin, F. Henſchel.
Friedrich von Schleswig-Holſtein-Noer, Aufzeichnungen aus den Jahren 1848—1850. Zürich, Meyer & Zeller, 1861.
Gebauer, Der Hildesheimer Dietrich Pining als nordiſcher Seeheld und Entdecker. Alt-Hildesheim, Heft 12.
Hanſiſche Geſchichtsblätter.
Haebler, Die überſeeiſchen Unternehmungen der Welſer. Leipzig, C. L. Hirſchfeld, 1903.
Hennig, Aus der Frühgeſchichte deutſcher Seeſchiffahrt. Deutſcher Seekalender 1926.
Hoffmann, Geſchichte der freien und Hanſeſtadt Lübeck. Lübeck, E. Schmerſahl, 1889.
Hohenzollern-Jahrbuch. Gieſecke & Devrient, 1899.
Holm, Lübeck, die freie und Hanſeſtadt. Bielefeld, Velhagen & Klaſing, 1900.
Jordan, Geſchichte der brandenburgiſch-preußiſchen Kriegsmarine. Berlin, F. Heinicke, 1857.
Kirchhoff, Seemacht in der Oſtſee. Kiel, Robert Cordes, 1908.
Koch, Geſchichte der deutſchen Marine. Berlin, E. S. Mittler & Sohn, 1902.
Koſer, Der Große Kurfürſt und Friedrich der Große in ihrer Stellung zu Marine und Seehandel. Marine-Rundſchau, 1904.
Kruſe, Zwei Bruchſtücke aus der Geſchichte der Stadt Stralſund. Stralſund, C. Löffler, 1848.
Larſen, The discovery of North America. Kopenhagen, Levin & Munksgaard, 1924.
Manten, von, Deutſche Marinegeſchichte. Berlin, Verlag Offene Worte, 1928.
Maß, Die deutſche Hanſe. Jena, Eugen Diederichs, 1926.

Meuß, Friedrich der Große und die Gründung der Seehandlung. Marine-Rundschau, 1912.

Müller, Altgermanische Meeresherrschaft. Leipzig, F. A. Perthes, 1914.

Nettelbeck, Eine Lebensbeschreibung, von ihm selbst aufgezeichnet. Halle, Rengersche Buchhandlung, 1921.

Nordenstreng, Die Züge der Wikinger. Leipzig, Quelle & Meyer, 1926.

Originalbericht über das Seegefecht am Rebziner Haken. Beiheft 17 zum Marineverordnungsblatt.

Panhorst, Deutschland und Amerika. München, Ernst Reinhardt, 1928.

Ravenstein, Martin Behaim, his life and his globe. London, George Philip & Son, 1908.

Reichenbach, Martin Behaim. Leipzig, C. Kiesler, 1889.

Richter, Benjamin Raule. Jena, Hermann Costenoble, 1901.

Roessel, Die erste brandenburgische Flotte. Berlin, R. Eisenschmidt, 1903.

Schultz, Die deutsche Flagge. Berlin, E. S. Mittler & Sohn, 1928.

Schwebs, Die brandenburgische Marine im Seekriege 1676. Dissertation, Universität Berlin, 1907.

Stein, Die Hanse und England. Leipzig, Duncker & Humblot, 1905.

Strasser, Wikinger und Normannen. Hamburg, Hanseatische Verlagsanstalt, 1928.

Sulicki, von, Der siebenjährige Krieg in Pommern. Berlin, E. S. Mittler & Sohn, 1867.

Tesdorpf, Geschichte der Kaiserlichen deutschen Kriegsmarine. Kiel, Lipsius & Tischer, 1889.

Vogel, Kurze Geschichte der deutschen Hanse. Leipzig, Duncker & Humblot, 1915.

Vogel, Angriffe und Angriffsversuche gegen die Britischen Inseln. Berlin, E. S. Mittler & Sohn, 1916.

Vogel, Geschichte der deutschen Seeschiffahrt. Berlin, Georg Reimer, 1915.

Waldeyer-Hartz, von, Bürgermeister Hinrich Murmester. Berlin, Fr. Zillesen (Heinrich Beenken), 1924.

Waldeyer-Hartz, von, Martin Behaim. Leipzig, Koehler & Amelang, 1925.

Waldeyer-Hartz, von, Die Welser in Venezuela. Berlin, R. Eisenschmidt, 1927.

Waldeyer-Hartz, von, Deutsche Flottenträume. Leipzig, Theodor Weicher, 1919.

Werner, von, Bilder aus der deutschen Seekriegsgeschichte. München, J. F. Lehmanns Verlag, 1899.

Werner, von, Admiral Karpfanger. München, G. W. Dietrich, 1908.

Es wurden uns freundlichst zur Verfügung gestellt:
Das Bild des Admirals Karpfanger vom Hamburger Staatsarchiv.
Das Bild Joachim Nettelbecks von Gustav Gernß, Hofphotograph in Kolberg.
Das Bild des Großadmirals von Koester von Ferd. Urbahns, Hofphotograph in Kiel.